GULOSEIMAS

PARA TODOS OS GOSTOS

brownies • muffins • cupcakes • tortas • bolos • barrinhas

GULOSEIMAS PARA TODOS OS GOSTOS

brownies • muffins • cupcakes • tortas • bolos • barrinhas

PUBLIFOLHA

Jo McAuley

Um livro da Hachette UK Company

Título original: *Brownies, Bars & Goodies Galore*

Publicado pela primeira vez no Reino Unido em 2010 pela Spruce, divisão do Octopus Publishing Group Ltd., Endeavor House, 189 Shaftesbury Avenue, Londres, WC2H 8JY
www.octopusbooks.co.uk

COORDENAÇÃO DO PROJETO: PUBLIFOLHA
Editora-assistente: Thais Rimkus
Coordenação de produção gráfica: Soraia Scarpa
Produção gráfica: Mariana Metidieri

PRODUÇÃO EDITORIAL: ESTÚDIO SABIÁ
Edição: Valéria Braga Sanalios
Tradução: Bárbara Guimarães Arányi
Preparação de texto: Olga Sérvulo
Revisão: Rosane Albert e Hebe Lucas
Editoração eletrônica: Nobreart

EDIÇÃO ORIGINAL: OCTOPUS PUBLISHING
Fotografia: Ian Garlick
Produção fotográfica: Eliza Baird
Projeto gráfico: Phil Gilderdale

Pessoas com restrições alimentares devem ficar atentas aos ingredientes indicados nas receitas.

O forno deve ser preaquecido na temperatura indicada.

As fotos deste livro podem conter acompanhamentos ou ingredientes meramente ilustrativos.

Dados Internacionais de Catalogação na Publicação (CIP)
(Câmara Brasileira do Livro, SP, Brasil)

McAuley, Jo
Guloseimas para todos os gostos / Jo McAuley ; [tradução Bárbara Guimarães Arányi]. -- São Paulo : Publifolha, 2011. -- (Coleção Culinária para todos os gostos)

Título original: Brownies, bars & goodies galore.
ISBN 978-85-7914-258-1

1. Brownies 2. Culinária 3. Doces (Culinária)
4. Receitas I. Título. II. Série.

10-12429 CDD-641.5

Índices para catálogo sistemático:
1. Receitas culinárias : Economia doméstica 641.5

A grafia deste livro segue as regras do Novo Acordo Ortográfico da Língua Portuguesa.

PUBLIFOLHA
Divisão de Publicações do Grupo Folha
Al. Barão de Limeira, 401, 6º andar
CEP 01202-900, São Paulo, SP
Tel.: (11) 3224-2186/2187/2197
www.publifolha.com.br

Impresso na China por C&C Offset Printing Co. Ltd.

SUMÁRIO

Introdução 6

Brownies 18

Barrinhas e tortas 50

Bolos 90

Muffins e cupcakes 122

Outras guloseimas 156

Tabelas de conversão 180

Índice de receitas 182

Índice geral 184

INTRODUÇÃO

Sobremesas feitas em casa proporcionam aromas maravilhosos, sabores especiais e sempre uma grande satisfação. A variedade e a facilidade das receitas deste livro vão fazer você se perguntar por que demorou tanto tempo para começar a preparar essas delícias.

★ VERSATILIDADE ★

Neste livro você encontra desde receitas de bolos refinados, para celebrar uma ocasião especial, a receitas simples, para o lanche das crianças. Fazer doces em casa não é apenas uma opção mais econômica, mas principalmente mais saudável. A qualidade dos produtos caseiros é superior à dos comprados prontos, com a garantia de que eles não contêm conservantes, sabores artificiais ou gordura trans.

★ BROWNIES ★

Este tipo de bolo é cada vez mais popular, por ser fácil de fazer e por ter sabor e textura especiais. Além da versão clássica, há diversas variações, também práticas, como a de chocolate branco. Muitas vezes nem é preciso esperar esfriar porque o ideal é servir o brownie quente. Acompanhado de calda ou sorvete, há uma receita para cada gosto!

★ BOLOS E BARRINHAS ★

Bolos de uma camada são simples de fazer: basta colocar a massa em uma fôrma, assar, pôr a cobertura e cortar em quadrados. São próprios para o lanche da tarde ou para a sobremesa. Alguns podem ser congelados, o que deve ser feito preferivelmente antes de acrescentar a cobertura.

As barrinhas feitas em casa, cortadas em tiras ou quadrados, geralmente levam uma base de biscoito ou massa, ou são feitas com cereais. Podem ser embaladas, tornando-se uma boa opção para um piquenique e para o lanche da escola ou do trabalho pela facilidade em transportá-las.

★ OUTRAS GULOSEIMAS ★

Outros capítulos deste livro trazem receitas de guloseimas diversas, como muffins, ideais para um café da manhã mais reforçado ou um lanche de fim de tarde. Mais delicados que os muffins, os cupcakes são uma sobremesa decorativa ideal para festas. As crianças adoram saboreá-los e participar da sua decoração. Arrume-os em pratos com suportes altos, para ganharem maior destaque. As madalenas, com diferentes coberturas, são uma delícia. A variedade é ampla, para adultos e crianças e diferentes eventos e oportunidades.

INGREDIENTES

A qualidade dos produtos utilizados na cozinha é muito importante para obter um bom resultado, tanto na aparência como no sabor. Recomenda-se o uso de ingredientes da melhor qualidade que se possa encontrar. Abaixo, algumas dicas sobre os produtos mais usados.

★ FARINHA ★

Dependendo do tipo, a farinha de trigo pode alterar o resultado final de um bolo. Por isso, utilize a melhor que encontrar ou a que estiver acostumada a usar. As farinhas integrais são moídas junto com a casca e o farelo, aproveitando todo o grão. Algumas receitas indicam o uso das versões com fermento. Para essas, ao usar farinha sem fermento, adicione a quantidade de fermento necessária a cada receita. Calcule 1½ colher (chá) de fermento em pó e uma pitada de sal para cada xícara (chá) de farinha.

★ FERMENTO ★

Os agentes de crescimento usados nas receitas deste livro, além das farinhas de trigo já com fermento, são o bicarbonato de sódio, o fermento em pó comum e o cremor de tártaro.

★ AÇÚCAR ★

Há diversas variedades de açúcar: o açúcar refinado, mais comum, o açúcar cristal e o açúcar de confeiteiro – o mais fininho de todos, usado para decorar. Há ainda o mascavo e o demerara. Algumas receitas deste livro substituem o açúcar por mel, caldas ou glicose de milho.

★ MANTEIGA ★

Utilize manteiga sem sal e em temperatura ambiente, a não ser que a receita indique o contrário. A manteiga dá mais sabor a receitas de doces, mas em geral pode ser substituída por margarina.

★ OVOS ★

Os ovos devem estar sempre em temperatura ambiente, para evitar que talhem. Use ovos grandes, a não ser que a receita indique o contrário. Se possível, utilize os orgânicos, de aves criadas livremente e não em granjas, o que torna sua sobremesa não apenas mais saudável, mas também mais saborosa.

★ CHOCOLATE ★

Compre chocolate de boa qualidade para cozinhar. Muitas vezes, os produtos mais baratos possuem muita gordura e pouca quantidade de cacau, o que prejudica o sabor e a textura, dificultando o trabalho. Use chocolate amargo com no mínimo 70% de cacau e chocolates ao leite e branco da melhor qualidade.

★ FRUTAS ★

Secas ou frescas, as frutas conferem umidade e doçura aos bolos e tortas de uma maneira diferente do açúcar. Para as frutas secas, prefira as macias às duras e desidratadas, a não ser que a receita indique o contrário. As frutas frescas muitas vezes podem ser substituídas pela versão congelada.

★ FARINHAS DE MILHO E MAISENA ★

A farinha de milho e o fubá entram na composição de bolos, pães e doces. São encontrados em diversas texturas: as finas são mais apropriadas para bolos; as mais grossas, para cuscuz e farofa. A maisena (amido de milho) é ingrediente de várias sobremesas.

★ CONDIMENTOS ★

Cravo, canela, noz-moscada, gengibre e pimenta-da--jamaica são algumas das especiarias que dão sabor aos doces. Podem ser compradas em pó ou inteiras. Para moê-las em casa, utilize um pilão – lavando-o bem após cada uso para que resquícios de uma especiaria não se misturem com outra.

★ QUINUA ★

A quinua pode ser encontrada em grãos, em flocos simples ou caramelizados, em lojas especializadas ou grandes supermercados.

★ SEMENTES DE LINHAÇA ★

Estas sementinhas escuras são uma boa fonte de ômega-3. São encontradas em lojas especializadas ou supermercados.

★ SEMENTES DE ABÓBORA ★

Nas receitas deste livro, as sementes de abóbora são usadas cruas, verdes e sem casca. São ricas em proteína, ferro, magnésio, zinco e ácidos graxos essenciais.

★ ESSÊNCIAS ★

Há uma variedade de essências usadas para dar cor e sabor aos alimentos. Se possível, use-as em sua forma natural, como a extraída diretamente da fava da baunilha.

DICAS PARA BOLOS

★ Qualquer que seja o ingrediente, use-o na quantidade exata. O equilíbrio da receita depende da quantidade correta de cada item, seja farinha, gordura, condimento ou líquido. Siga as recomendações à risca. Há algumas receitas de muffins em que é possível simplesmente duplicar as quantidades para fazer mais bolinhos – quando possível, haverá a indicação.

★ Certifique-se de que todos os ingredientes estão em temperatura ambiente antes de começar o preparo, a não ser que a receita indique o contrário. A manteiga não deve estar dura, por exemplo, e os ovos não devem ir direto da geladeira para a tigela.

★ Sempre siga as instruções de como incorporar e misturar os ingredientes na ordem em que aparecem. É importante, por exemplo, não bater demais a massa dos muffins para obter melhor resultado.

★ Os brownies ficam mais consistentes quando esfriam, por isso, não os asse por mais tempo que o indicado, achando que não estão prontos, pois perdem umidade.

★ Quando for usar mais de uma prateleira no forno, coloque-as bem espaçadas para permitir que o ar quente circule livremente entre elas.

★ A maioria dos brownies e dos bolos simples pode ser congelada. Certifique-se de que estejam completamente frios e embale-os em filme de PVC antes de levar ao congelador. Se quiser congelar o bolo fatiado, coloque papel--manteiga entre as camadas de fatias.

EQUIPAMENTOS

Na hora de cozinhar, é importante ter os equipamentos corretos para obter melhores resultados. Mas não se preocupe em sair comprando tudo ao mesmo tempo. Invista naquilo que é verdadeiramente essencial, dando preferência ao que é durável, resistente. Aos poucos, vá adquirindo outros utensílios, conforme a necessidade.

★ MEDIDA CERTA ★

É importante sempre adicionar a medida exata dos ingredientes em cada receita. Para isso, use medidores que indiquem 1, ½, ¼ de xícara, e assim por diante, para ingredientes secos como farinha, açúcar e chocolate em pó. Nivele o topo com a ajuda de uma faca, retirando excessos. Antes de começar, deixe todos os ingredientes separados e medidos. Se a receita indicar o uso de "açúcar de confeiteiro peneirado", meça primeiro e depois peneire. Nos casos em que for possível fazer o inverso, ou seja, peneirar e depois medir, haverá indicação. É importante seguir as instruções porque, se alguma medida sair errada, o resultado final poderá não agradar.

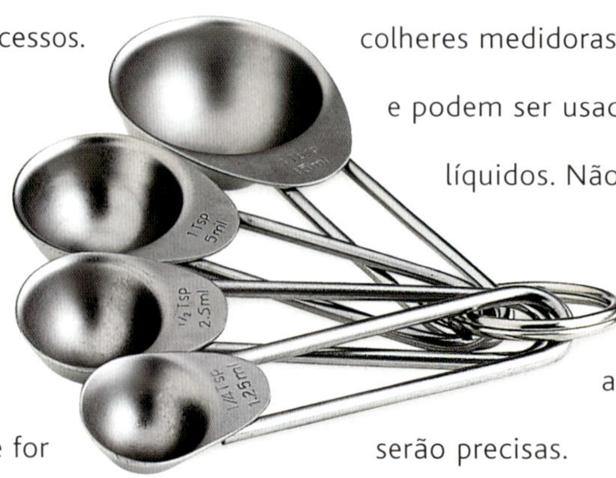

Os copos para medir líquidos podem ser de vidro ou plástico e devem estar sempre limpos. As colheres medidoras também são de grande ajuda e podem ser usadas para ingredientes secos e líquidos. Não é indicado usar colheres comuns porque variam de modelo e tamanho, e as quantidades não serão precisas.

★ TIGELAS ★

Tenha à mão tigelas de diferentes tamanhos. É interessante ter pelo menos duas grandes, para quando precisar misturar todos os ingredientes, permitindo que haja espaço suficiente para incorporar ar.

★ UTENSÍLIOS ★

A espátula de metal é boa para desgrudar a lateral dos bolos e brownies das fôrmas. A de silicone ou borracha é indicada para nivelar as massas ainda cruas e para raspar as tigelas com as misturas, sem riscá-las. Também é bom ter à mão colheres de pau, uma colher grande de metal para misturar, uma tábua de cortar e uma faca para as receitas que incluam frutas secas e nozes.

★ BATEDEIRA ★

É possível poupar bastante tempo e esforço usando uma batedeira elétrica. Vale lembrar que algumas receitas pedem que a massa seja batida por 10 minutos.

★ ASSADEIRAS ★

Há uma enorme variedade de fôrmas e forminhas no mercado. Invista em algumas de boa qualidade, que são mais duráveis e não amassam com facilidade ao longo do tempo de uso. As antiaderentes são uma boa opção por garantir que o bolo soltará facilmente, mesmo que ainda quente. Hoje há no mercado forminhas de silicone que são particularmente indicadas para muffins, cupcakes e madalenas. É importante usar o tamanho certo para cada receita.

★ PENEIRA ★

A maioria das receitas não pede que a farinha seja peneirada. Nos casos em que isso for necessário, uma peneira de plástico ou metal, bem fina, resolve.

★ PAPEL-MANTEIGA ★

Forrar as fôrmas, mesmo as antiaderentes, com papel-manteiga pode poupar bastante tempo e esforço na hora de desenformar os bolos. Deixe o papel com margem de 1 cm acima do limite da fôrma, para ajudar a tirar o bolo.

O FORNO IDEAL

Um dos trunfos para assar bem qualquer prato é ter um bom forno. É importante, porém, conhecê-lo antes de assar um bolo. Se há dúvidas sobre a precisão de seu forno, talvez valha a pena ter um termômetro para se assegurar de que ele esteja sempre na temperatura desejada. Fogões com gás de rua, em geral, têm temperatura mais forte que os de gás de botijão. Caso a temperatura seja diferente da indicada, a receita pode ser prejudicada.

★ TIMER ★

Se não tiver timer no forno ou na cozinha, use um despertador para avisar quando o fogo deve ser desligado.

★ LUVAS ★

De tecido ou de silicone, elas são bastante úteis na hora de retirar os doces do forno, diminuindo o perigo de queimaduras.

★ GRADES PARA RESFRIAR ★

São boas como suporte para as barrinhas que precisam esfriar para que a cobertura de chocolate endureça, ou para tortas, evitando que continuem expostas ao calor da fôrma.

★ RECIPIENTES ★

Tenha sempre à mão recipientes de vidro ou plástico, com tampa, para guardar os doces e conservá-los por mais tempo.

TÉCNICAS

É importante seguir estas instruções ao preparar as massas doces. Entender exatamente o que significa cada termo ajuda a obter melhores resultados.

BATER E MISTURAR

Utilize a batedeira ou o mixer no preparo das massas de bolos e cookies quando precisar misturar diferentes ingredientes incorporando ar. Outra opção é usar um batedor manual, levantando-o de vez em quando para permitir a entrada de ar. As batedeiras já realizam essa função. Para bater claras em neve, a batedeira é o utensílio ideal.

INCORPORAR

Incorporar um ingrediente é acrescentá-lo delicadamente a uma massa, de modo que ela fique aerada, mexendo o mínimo possível. Com uma colher de pau ou um pão-duro, mexa a massa do fundo da tigela para cima; em seguida, faça o mesmo nas laterais do recipiente e depois, novamente de baixo para cima, girando a colher de pau devagar, até que todos os ingredientes fiquem completamente integrados.

DERRETER CHOCOLATE

A melhor maneira para derreter chocolate é em banho-maria. Leve-o ao fogo em uma tigela mais pesada, de vidro ou louça – para que não flutue e tenha estabilidade –, em banho-maria. Tome cuidado para que não entre água na tigela, evitando que se formem grumos. Se isso ocorrer, coloque algumas gotas de óleo vegetal, até que o chocolate fique liso novamente. Mexa aos poucos para que todo o chocolate derreta. Os chocolates escuros e amargos devem ser mexidos o mínimo possível; já os brancos e ao leite devem ser mais mexidos enquanto derretem. Também é possível derreter chocolate no micro-ondas, em temperatura baixa, interrompendo algumas vezes para mexer.

ESFREGAR

Esta técnica é usada em receitas em que dois ou mais ingredientes devem ser misturados até que se chegue a uma textura de migalhas de pão. Normalmente, é usada para misturar farinha e manteiga. Neste caso, é melhor que a manteiga esteja gelada, para cortá-la em pequenos cubos. Em uma tigela grande, coloque a farinha e os pedacinhos de manteiga e esfregue com as mãos, delicadamente, usando a ponta dos dedos, até que a mistura ganhe a consistência de migalhas de pão.

ESTÁ NO PONTO?

Para saber se a sobremesa está pronta, é necessário considerar, primeiro, o que está no forno. Os brownies, por exemplo, devem estar firmes, mas não podem crescer como os bolos comuns, para que a textura típica, úmida e consistente, não se perca. Já os bolos estão no ponto quando ficam firmes e dourados e descolam das bordas da assadeira. Outra técnica bastante empregada é espetar um palito no meio da massa: se ele sair limpo, é sinal de que o bolo está pronto.

BROWNIES

BROWNIE BRANCO COM LIMÃO

Esta variedade é um misto de brownie, feito com chocolate branco e uma base de torta. Sirva frio, com frutas vermelhas.

16 PEDAÇOS

BASE
265 g de biscoito de maisena
115 g de manteiga derretida
½ xícara (chá) de amêndoas praliné moídas

MASSA
155 g de manteiga, mais um pouco para untar
265 g de chocolate branco em pedaços
½ xícara (chá) de cream cheese
½ xícara (chá) de açúcar
3 ovos
3-4 gotas de essência de limão
1 xícara (chá) de farinha com fermento
raspas de 1 limão
2 xícaras (chá) de framboesas

PARA DECORAR
2-3 colheres (sopa) de amêndoas praliné picadas
folhinhas de hortelã

1. Preaqueça o forno a 180°C. Unte uma fôrma de 33 cm x 23 cm e forre o fundo com papel-manteiga.
2. Para fazer a base, bata os biscoitos em um processador ou liquidificador, até obter uma farofa. Despeje-a na assadeira e, com os dedos, misture-a com a manteiga e as amêndoas moídas, até que tudo fique bem misturado. Pressione a base no fundo da assadeira, com os dedos.
3. Para a massa, derreta o chocolate e a manteiga em uma panela de fundo bem grosso, em fogo baixo, até obter um creme liso. Deixe esfriar.
4. Numa tigela grande, bata o cream cheese com o açúcar. Coloque os ovos um a um, batendo sempre, até obter uma mistura homogênea. Junte a mistura de chocolate, a essência, a farinha e as raspas de limão. Mexa bem.
5. Despeje a massa por cima da base de biscoito e asse por 35-40 minutos, até que fique firme e dourado. Deixe esfriar e depois coloque na geladeira.
6. Depois de frio, corte em quadrados e sirva com framboesas e amêndoas picadas por cima. Decore com folhinhas de hortelã.

BROWNIE COM MIX DE NOZES

Este é o brownie clássico de chocolate com nozes e pecãs sob a casquinha açucarada que se forma em sua superfície. Se preferir, pode usar outro tipo de castanhas de sua preferência.

12-16 PEDAÇOS

- 225 g de manteiga, mais um pouco para untar
- 175 g de chocolate amargo em pedaços
- 3 ovos
- 1 colher (chá) de essência de baunilha
- 1 colher (sopa) de café forte (ou 1 colher de café solúvel em 1 colher de água quente)
- 1 xícara (chá) de açúcar
- ¾ de xícara (chá) de farinha de trigo
- ½ colher (chá) de sal
- ⅔ de xícara (chá) de nozes picadas
- ⅔ de xícara (chá) de nozes-pecãs picadas

1. Preaqueça o forno a 180°C. Unte uma fôrma de 33 cm x 23 cm e forre com papel-manteiga.
2. Em uma panela pequena e de fundo grosso, em fogo médio, derreta o chocolate junto com a manteiga. Deixe esfriar.
3. Em uma tigela grande, bata os ovos com a essência de baunilha, o café, o açúcar e o chocolate derretido. Junte a farinha e o sal e mexa bem. Adicione as nozes e misture.
4. Coloque a massa na assadeira e leve ao forno por 25-30 minutos. Cuidado para não cozinhar demais. A superfície deve estar firme, mas o centro, levemente amolecido.
5. Deixe esfriar na assadeira por 10 minutos. Corte em quadrados, desenforme. Sirva quente ou frio. Para guardar, coloque em um recipiente fechado entremeando os pedaços com papel-manteiga, para que não grudem.

BROWNIE COM CAFÉ E MACADÂMIAS

12-16 PEDAÇOS

BROWNIE

170 g de manteiga, mais um pouco para untar

175 g de chocolate amargo em pedaços

1 ½ colher (sopa) de café bem forte (ou 1 ½ colher de café solúvel em 1 ½ colher de água quente)

2 ovos grandes

¾ de xícara (chá) de açúcar

⅓ de xícara (chá) de farinha de trigo com fermento

uma pitada de sal

⅔ de xícara (chá) de macadâmias picadas

COBERTURA

5 colheres (sopa) de manteiga amolecida

1 ¾ xícara (chá) de açúcar de confeiteiro peneirado

1 colher (chá) de canela em pó

1 colher (sopa) de essência de café

⅓ de xícara (chá) de chocolate ao leite ralado para decorar

1. Preaqueça o forno a 200°C. Unte uma fôrma de 23 cm x 33 cm e forre com papel-manteiga.
2. Em uma panela com fundo grosso, em fogo baixo, derreta a manteiga e o chocolate. Junte o café, mexa até obter uma mistura lisa e deixe esfriar.
3. Numa tigela grande, bata os ovos com o açúcar. Junte a mistura de chocolate, a farinha, o sal e mexa bem. Misture as macadâmias e mexa.
4. Coloque a massa na fôrma e asse por 20 minutos. Ela deve crescer, mas ficar macia no centro. Deixe esfriar completamente para retirar da fôrma.
5. Para fazer a cobertura, bata todos os ingredientes até obter uma mistura lisa. Espalhe por cima do brownie, complete com o chocolate ralado e sirva.

BROWNIE COM MORANGOS

A baunilha, a pimenta-da-jamaica e os morangos dão um sabor especial a este brownie, ótimo para ser servido em festas.

12-16 PEDAÇOS

200 g de manteiga, mais um pouco para untar
150 g de chocolate amargo em pedaços
3 ovos
1 xícara (chá) de açúcar
sementes de uma fava de baunilha
1 colher (chá) de essência de amêndoa
1 xícara (chá) de farinha de trigo
uma pitada de sal
1 ½ colher (chá) de pimenta-da--jamaica em pó
¾ de xícara (chá) de morangos secos picados
⅓ de xícara (chá) de avelãs picadas
90 g de chocolate branco picado

1. Preaqueça o forno a 180°C. Unte uma fôrma de 33 cm x 23 cm e forre com papel-manteiga.
2. Em uma panela de fundo grosso, em fogo médio, derreta a manteiga e o chocolate até obter uma mistura lisa. Deixe esfriar.
3. Numa tigela grande, bata os ovos com o açúcar, as sementes de baunilha, a essência de amêndoa e o chocolate derretido. Adicione a farinha, o sal, a pimenta-da-jamaica e misture bem. Junte os morangos, as avelãs, o chocolate branco e mexa mais.
4. Coloque a massa na fôrma e asse por 25-30 minutos.
5. Deixe esfriar na assadeira por 10 minutos e desenforme. Corte em quadrados e sirva quente ou frio. Para guardar, use recipiente fechado, entremeando os pedaços com papel-manteiga, para que não grudem.

BROWNIE DE CEREJAS COM CHEESECAKE

12-16 PEDAÇOS

BROWNIE

100 g de manteiga, mais um pouco para untar
115 g de chocolate amargo em pedaços
2 ovos
⅔ de xícara (chá) de açúcar
½ xícara (chá) de farinha de trigo
¼ de xícara (chá) de chocolate em pó
½ colher (chá) de sal
½ xícara (chá) de cerejas ao marasquino picadas
2 colheres (sopa) da calda das cerejas ao marasquino

CHEESECAKE

1 ovo
⅔ de xícara (chá) de cream cheese
⅔ de xícara (chá) de mascarpone
⅓ de xícara (chá) de açúcar
½ colher (chá) de essência de baunilha
⅔ de xícara (chá) de cerejas ao marasquino cortadas ao meio

1. Preaqueça o forno a 190°C. Unte uma fôrma quadrada de 23 cm e forre com papel-manteiga.

2. Faça a base de brownie. Numa panela de fundo grosso, em fogo baixo, derreta a manteiga e o chocolate até obter uma mistura lisa. Deixe esfriar.

3. Numa tigela grande, bata os ovos com o açúcar. Junte o chocolate e mexa. Adicione a farinha, o chocolate em pó, o sal e misture bem. Coloque as cerejas picadas e a calda, misture e despeje a massa na assadeira. Reserve.

4. Para o cheesecake, bata em uma tigela os ovos, o cream cheese, o mascarpone, o açúcar e a essência de baunilha até obter uma mistura homogênea. Com uma colher, espalhe sobre a base de brownie, com cuidado. Acrescente as metades de cerejas e misture delicadamente, apenas para incorporá-las.

5. Asse por 20-25 minutos, ou até que tenha crescido e ficado quase firme. Deixe esfriar, corte em quadrados e desenforme.

DICA

Use cream cheese e mascarpone em temperatura ambiente para a mistura ficar mais homogênea.

BROWNIE BRANCO COM LARANJA E AMÊNDOAS

Traga os sabores e aromas do Mediterrâneo para sua cozinha com este brownie de chocolate branco, raspas de laranja e amêndoas. É uma ótima pedida para uma sobremesa e pode ser servido com licor amaretto.

12-16 PEDAÇOS

155 g de manteiga, mais um pouco para untar
250 g de chocolate branco picado
3 ovos
½ xícara (chá) de açúcar mascavo
1 colher (chá) de essência de laranja
1 colher (chá) de essência de amêndoas
raspas de 1 laranja
¾ de xícara (chá) de farinha de trigo com fermento
¾ de xícara (chá) de amêndoas moídas
½ xícara (chá) de amêndoas em lâminas levemente torradas

1. Preaqueça o forno a 160°C. Unte uma fôrma quadrada de 23 cm e forre com papel-manteiga.
2. Numa panela de fundo grosso, em fogo baixo, derreta a manteiga e o chocolate até obter uma mistura lisa. Deixe esfriar.
3. Numa tigela grande, bata os ovos e o açúcar, a essência de laranja e a de amêndoas, as raspas de laranja e o chocolate. Junte a farinha e as amêndoas moídas e misture bem.
4. Coloque a massa na assadeira, espalhe as amêndoas em lâminas por cima e asse por 25-30 minutos, até dourar e ficar quase firme.
5. Deixe esfriar e corte em quadrados. Desenforme e sirva quente ou frio. Para guardar, use recipiente fechado, entremeando os pedaços com papel-manteiga, para que não grudem.

BROWNIE COM FRUTAS E AVELÃS

Nesta versão de brownie, há uvas-passas, coco, cerejas e avelãs inteiras. Use a criatividade e faça outras versões com suas frutas secas e nozes favoritas.

18 PEDAÇOS

225 g de manteiga, mais um pouco para untar
115 g de chocolate amargo em pedaços
90 g de chocolate ao leite em pedaços
3 ovos
⅔ de xícara (chá) de açúcar
½ xícara (chá) de açúcar mascavo
⅔ de xícara (chá) de farinha de trigo com fermento
uma pitada de sal
⅔ de xícara (chá) de uvas-passas
14 cerejas ao marasquino picadas
⅔ de xícara (chá) de avelãs sem casca levemente torradas
⅓ de xícara (chá) de coco em lascas (ou ralado)

1. Preaqueça o forno a 180°C. Unte uma fôrma de 33 cm x 23 cm e forre com papel-manteiga.
2. Numa panela de fundo grosso, em fogo baixo, derreta a manteiga e os chocolates até obter uma mistura lisa. Deixe esfriar.
3. Numa tigela grande, bata os ovos com os dois tipos de açúcar. Junte o chocolate derretido, em seguida a farinha com fermento e o sal e misture bem. Adicione as uvas-passas, as cerejas, as avelãs e o coco e misture tudo.
4. Coloque a massa na assadeira e leve ao forno por 30-35 minutos. O brownie deve crescer um pouco, mas ficar ligeiramente macio no centro.
5. Deixe esfriar pelo menos por 10 minutos. Corte em quadrados. Desenforme e sirva quente ou frio. Para guardar, use recipiente fechado, entremeando os pedaços com papel-manteiga, para que não grudem.

BROWNIE BRANCO COM TORRONE E COULIS DE MIRTILOS

12-16 PEDAÇOS

COULIS

⅔ de xícara (chá) de mirtilos

2 colheres (sopa) de açúcar de confeiteiro

½ colher (chá) de essência de baunilha

3 colheres (sopa) de suco de laranja

BROWNIE

100 g de manteiga, mais um pouco para untar

225 g de chocolate branco em pedaços

3 ovos

½ xícara (chá) de açúcar

½ colher (chá) de essência de amêndoas

¾ de xícara (chá) de farinha de trigo com fermento

90 g de torrone picado

1. Para o coulis, coloque todos os ingredientes em uma panela, em fogo médio, e cozinhe até que todo o açúcar tenha se dissolvido e as frutas se desmanchado. Deixe esfriar e coloque na geladeira.

2. Preaqueça o forno a 160°C. Unte uma fôrma quadrada de 23 cm e forre com papel-manteiga.

3. Numa panela de fundo grosso, em fogo baixo, derreta o chocolate e a manteiga até obter uma mistura lisa. Deixe esfriar.

4. Numa tigela grande, bata os ovos com o açúcar. Junte a essência, o chocolate derretido, a farinha e o torrone picado. Misture bem.

5. Coloque a massa na assadeira e leve ao forno por 20-25 minutos, ou até que doure e fique firme.

6. Deixe esfriar. Corte em quadrados. Desenforme e sirva quente ou frio.

Para guardar, use recipiente fechado, entremeando os pedaços com papel-manteiga, para que não grudem.

BROWNIE DE CHOCOLATE BRANCO

Esta é a receita básica do brownie feito com chocolate branco, que pode ficar deliciosa também se forem acrescentadas frutas secas, nozes ou gotas de chocolate preto.

16 PEDAÇOS

75 g de manteiga, mais um pouco para untar
400 g de chocolate branco em pedaços
3 ovos
½ xícara (chá) de açúcar
2 colheres (chá) de essência de baunilha
1 ¼ xícara (chá) de farinha de trigo com fermento
½ xícara (chá) de gotas de chocolate branco
açúcar de confeiteiro para decorar

1. Preaqueça o forno a 160°C. Unte uma fôrma quadrada de 23 cm e forre com papel-manteiga.
2. Numa panela de fundo grosso, em fogo baixo, derreta a manteiga e o chocolate até obter uma mistura lisa. Deixe esfriar.
3. Numa tigela grande, bata os ovos com o açúcar. Junte a essência, o chocolate derretido, a farinha e as gotas de chocolate branco. Misture bem.
4. Coloque a massa na assadeira e leve ao forno por 20 minutos, ou até que doure e fique firme.
5. Deixe esfriar. Corte em quadrados. Polvilhe com açúcar de confeiteiro e desenforme. Para guardar, coloque em recipiente com tampa, entremeando os pedaços com papel-manteiga, para que não grudem.

BROWNIE COM AMÊNDOAS E CHOCOLATE

Uma receita sem glúten, já que aqui as amêndoas moídas substituem a farinha de trigo. Sirva quente ou frio.

12-16 PEDAÇOS

200 g de manteiga, mais um pouco para untar
200 g de chocolate amargo em pedaços
4 ovos
¾ de xícara (chá) de açúcar
1 colher (sopa) de licor amaretto (opcional)
2 ⅔ xícaras (chá) de amêndoas moídas
½ colher (chá) de sal

1. Preaqueça o forno a 180°C. Unte uma fôrma de 33 cm x 23 cm e forre com papel-manteiga.
2. Numa panela de fundo grosso, em fogo baixo, derreta a manteiga e o chocolate até obter uma mistura lisa. Deixe esfriar.
3. Numa tigela grande, bata os ovos com o açúcar e o amaretto, se for usar. Junte o chocolate derretido, as amêndoas moídas, o sal e misture bem.
4. Coloque a massa na assadeira e leve ao forno por 20-25 minutos, ou até que doure e fique firme.
5. Deixe esfriar. Corte em quadrados e desenforme. Para guardar, use recipiente fechado, entremeando os pedaços com papel-manteiga, para que não grudem.

BROWNIE COM GANACHE

16-18 PEDAÇOS

GANACHE

½ xícara (chá) de creme de leite fresco

200 g de chocolate amargo (70% de cacau) bem picado

60 g de manteiga cortada em cubos

1 colher (sopa) de conhaque (opcional)

BROWNIE

225 g de manteiga, mais um pouco para untar

90 g de chocolate amargo em pedaços

115 g de chocolate ao leite com algum tipo de noz

3 ovos

1 xícara (chá) de açúcar mascavo

1 colher (chá) de essência de café

⅔ de xícara (chá) de farinha de trigo com fermento

uma pitada de sal

½ xícara de amêndoas em lâminas

1 ¼ xícara (chá) de creme de leite batido para servir (opcional)

1. Preaqueça o forno a 190°C. Unte uma fôrma de 33 cm x 23 cm e forre com papel-manteiga.

2. Para fazer o ganache, coloque o creme de leite no fogo até que comece a levantar fervura. Despeje-o sobre o chocolate picado em uma tigela. Junte a manteiga e bata com um batedor vigorosamente, até que o chocolate derreta e se obtenha uma mistura homogênea. Deixe esfriar e adicione o conhaque, se for usar. Reserve.

3. Para fazer o brownie, numa panela de fundo grosso, em fogo baixo, derreta a manteiga e os chocolates até obter uma mistura lisa e homogênea. Deixe esfriar.

4. Numa tigela grande, bata os ovos com o açúcar e a essência de café. Junte o chocolate derretido, a farinha, o sal e misture bem.

5. Coloque a massa na assadeira, espalhe as amêndoas em lâminas por cima e leve ao forno por 35 minutos, ou até que cresça, mas fique levemente macia no centro.

6. Deixe esfriar. Corte em quadrados e desenforme. Coloque a cobertura de ganache por cima. Sirva com creme de leite batido, se desejar.

BROWNIE DE CHOCOLATE COM BANANA

A combinação da banana-passa com o chocolate deixa esta receita irresistível. É o casamento perfeito!

12-16 PEDAÇOS

225 g de manteiga, mais um pouco para untar
230 g de chocolate amargo em pedaços
3 ovos
⅔ de xícara (chá) de açúcar
½ xícara (chá) de açúcar mascavo
⅔ de xícara (chá) de farinha de trigo com fermento
uma pitada de sal
90 g de chocolate ao leite picado
70 g de banana-passa picada
⅓ de xícara (chá) de coco em lascas (ou ralado)

1. Preaqueça o forno a 200°C. Unte uma fôrma de 33 cm x 23 cm e forre com papel-manteiga.
2. Numa panela de fundo grosso, em fogo baixo, derreta a manteiga e o chocolate amargo até obter uma mistura lisa. Deixe esfriar.
3. Numa tigela grande, bata os ovos com os açúcares. Junte o chocolate derretido, a farinha, o sal e misture bem. Acrescente o chocolate ao leite, a banana-passa e o coco e mexa mais.
4. Coloque a massa na assadeira e leve ao forno por 20 minutos, ou até que cresça, mas fique levemente macia no centro.
5. Deixe esfriar pelo menos por 10 minutos. Corte em quadrados e desenforme. Sirva ainda morno ou frio, se preferir. Para guardar, use recipiente com tampa e entremeie os pedaços com papel-manteiga.

BROWNIE COM CASTANHAS PORTUGUESAS

Se quiser, substitua as castanhas da massa por marrom-glacês e terá um brownie realmente delicioso.

16-18 PEDAÇOS

BROWNIE

225 g de manteiga, mais um pouco para untar
225 g de chocolate amargo em pedaços
3 ovos
⅔ de xícara (chá) de açúcar
½ xícara (chá) de açúcar mascavo
⅔ de xícara (chá) de farinha de trigo com fermento
uma pitada de sal
1 ⅓ xícara (chá) de purê de castanhas portuguesas adoçado
150 g de castanhas portuguesas cozidas e picadas

CREME DE CASTANHAS

1 xícara (chá) de creme de leite
⅔ de xícara (chá) de purê de castanhas
4-5 marrom-glacês em fatias (opcional)

1. Preaqueça o forno a 200°C. Unte uma fôrma de 33 cm x 23 cm e forre com papel-manteiga.
2. Numa panela de fundo grosso, em fogo baixo, derreta a manteiga e o chocolate até obter uma mistura lisa. Deixe esfriar.
3. Numa tigela grande, bata os ovos com os açúcares. Junte o chocolate derretido, a farinha, o sal e misture bem. Adicione o purê e as castanhas portuguesas picadas.
4. Coloque a massa na assadeira e leve ao forno por 25-30 minutos, ou até que cresça, mas fique levemente macia no centro.
5. Deixe esfriar pelo menos por 10 minutos. Corte em quadrados e desenforme.
6. Bata o creme de leite com um batedor em uma tigela grande até endurecer levemente. Incorpore o purê de castanhas.
7. Sirva ligeiramente quente, com uma colher do creme de castanhas e lascas de marrom-glacê, se desejar.

BROWNIE BRANCO COM MARZIPÃ E PASSAS

Esta versão leva uvas-passas brancas, o que dá ainda mais unidade à massa. O marzipã completa o sabor especial deste brownie.

16-18 PEDAÇOS

- 3 colheres (sopa) de conhaque
- ⅔ de xícara (chá) de uvas-passas brancas
- 1 colher (sopa) de glicose de milho
- 155 g de manteiga, mais um pouco para untar
- 250 g de chocolate branco em pedaços
- 3 ovos
- ½ xícara (chá) de açúcar
- 1 ¼ xícara (chá) de farinha de trigo
- 140 g de marzipã picado
- 2 colheres (sopa) de açúcar de confeiteiro para polvilhar

1. Preaqueça o forno a 180°C. Unte uma fôrma de 33 cm x 23 cm e forre com papel-manteiga.
2. Numa panela, em fogo médio-baixo, aqueça o conhaque com as uvas-passas e a glicose de milho. Deixe cozinhar por 2-3 minutos. Reserve e espere que as passas estufem e absorvam o líquido.
3. Numa panela de fundo grosso, em fogo baixo, derreta a manteiga e o chocolate, até obter uma mistura lisa. Deixe esfriar.
4. Numa tigela grande, bata os ovos com o açúcar. Junte o chocolate derretido, a farinha, as passas e misture bem.
5. Coloque a massa na assadeira e espalhe por cima o marzipã. Leve ao forno por 20 minutos, ou até que cresça, fique firme e doure.
6. Deixe esfriar, corte em quadrados e desenforme. Polvilhe com açúcar de confeiteiro. Para guardar, use recipiente com tampa, entremeando os pedaços com papel-manteiga, para que não grudem.

BROWNIE COM GLACÊ DE MENTA

Esta versão de brownie usa um pouquinho de licor de menta na cobertura, que pode ser substituído por xarope de menta. Se preferir, use água com um pouquinho de corante verde natural, feito a partir de vegetais.

12-16 PEDAÇOS

BROWNIE

- 200 g de manteiga, mais um pouco para untar
- 90 g de chocolate amargo em pedaços
- 200 g de chocolate mentolado em pedaços
- 3 ovos
- ½ xícara (chá) de açúcar
- ½ xícara (chá) de açúcar mascavo
- ⅔ de xícara (chá) de farinha de trigo com fermento
- ½ colher (chá) de sal

COBERTURA

- 1 ¼ xícara (chá) de açúcar de confeiteiro
- 2 colheres (sopa) de licor ou xarope de menta

1. Preaqueça o forno a 180°C. Unte uma fôrma de 33 cm x 23 cm e forre com papel-manteiga.
2. Numa panela de fundo grosso, em fogo baixo, derreta a manteiga, o chocolate amargo e metade do chocolate mentolado, mexendo até obter uma mistura lisa. Deixe esfriar.
3. Numa tigela grande, bata os ovos com os açúcares. Junte o chocolate derretido, a farinha, o sal e misture bem. Coloque o restante do chocolate mentolado picado, mexa bem.
4. Coloque a massa na assadeira e leve ao forno por 25 minutos, ou até que cresça, fique firme, mas ligeiramente macia no centro. Deixe esfriar.
5. Misture o licor ou xarope de menta e o açúcar até obter uma mistura homogênea. Com uma colher, coloque por cima do brownie, fazendo riscos. Deixe endurecer um pouco e corte em quadrados. Desenforme e, se for guardar, use recipiente com tampa e coloque papel-manteiga entre os pedaços.

BROWNIE INTEGRAL

Esta é uma alternativa mais saudável e uma boa pedida para o café da manhã. Garante fibras e energia para começar o dia.

12-16 PEDAÇOS

- 155 g de manteiga, mais um pouco para untar
- 2 colheres (sopa) de melado
- 3 ovos
- ½ xícara (chá) de açúcar mascavo
- 1 xícara (chá) de cream cheese
- 1 maçã sem casca ralada
- 1 xícara (chá) de abóbora ralada
- 1 xícara (chá) de flocos de aveia
- ½ xícara (chá) de uvas-passas brancas
- 1 xícara (chá) de farinha de trigo integral
- 1 colher (chá) de bicarbonato de sódio
- 1 colher (chá) de fermento em pó
- ¼ de xícara (chá) de farelo de trigo
- 2 colheres (sopa) de sementes de gergelim

1. Preaqueça o forno a 180°C. Unte uma fôrma de 33 cm x 23 cm e forre com papel-manteiga.
2. Numa panela de fundo grosso, em fogo baixo, derreta a manteiga e junte o melado. Mexa bem e deixe esfriar.
3. Numa tigela grande, bata os ovos com o açúcar e o cream cheese. Junte à manteiga com o melado e acrescente a maçã e a abóbora raladas, seguidas da aveia e das uvas-passas. Junte a farinha, o bicarbonato de sódio, o fermento, o farelo de trigo e misture bem.
4. Coloque a massa na assadeira, jogue as sementes de gergelim por cima e leve ao forno por 30 minutos, ou até que cresça e doure. Deixe esfriar por 10 minutos.
5. Corte em quadrados e desenforme. Sirva quente ou frio. Para guardar, use recipiente com tampa, entremeando os pedaços com papel-manteiga, para que não grudem.

DICA

Se sentir falta de um pouco de chocolate, coloque ½ xícara (chá) de gotas de chocolate amargo na massa antes de assar.

BROWNIE COM BALA DE COCO QUEIMADO

A bala de coco queimado derrete dentro do brownie e dá ao doce consistência e sabor diferenciados.

12-16 PEDAÇOS

- 225 g de manteiga, mais um pouco para untar
- 230 g de chocolate amargo em pedaços
- 115 g de bala de coco queimado
- 3 ovos
- 1 xícara (chá) de açúcar
- ⅔ de xícara (chá) de farinha de trigo com fermento

1. Preaqueça o forno a 180°C. Unte uma fôrma de 33 cm x 23 cm e forre com papel-manteiga.
2. Numa panela de fundo grosso, em fogo baixo, derreta a manteiga e o chocolate, até obter um creme liso. Deixe esfriar.
3. Coloque ⅔ das balas de coco entre uma camada dupla de papel-manteiga e use um pilão para quebrá-las em pequenos pedaços. Reserve o restante das balas inteiras para decorar.
4. Numa tigela grande, bata os ovos com o açúcar. Junte a manteiga com o chocolate, a farinha e misture bem.
5. Coloque a massa na assadeira e leve ao forno por 25 minutos, ou até que cresça, mas fique levemente macia no centro.
6. Deixe esfriar por 10 minutos. Corte em quadrados e desenforme. Sirva quente ou frio, com as balas inteiras por cima para enfeitar. Para guardar, use recipiente com tampa, entremeando os pedaços com papel-manteiga, para que não grudem.

BROWNIE BRANCO DE ABÓBORA

Este brownie é uma opção mais saudável, que não deixa de lado o chocolate, tão tradicional aos brownies.

16 PEDAÇOS

500 g de abóbora
225 g de manteiga, mais um pouco para untar
275 g de chocolate branco em pedaços
1 xícara (chá) de cream cheese
⅔ de xícara (chá) de açúcar
3 ovos
¾ de xícara (chá) de farinha de trigo
1 colher (chá) de essência de baunilha
3 colheres (sopa) de sementes de abóbora

1. Preaqueça o forno a 190°C. Unte uma fôrma de 33 cm x 23 cm e forre com papel-manteiga.
2. Retire as sementes e as fibras da abóbora, tire a casca e corte em cubos pequenos.
3. Numa panela de fundo grosso, em fogo baixo, derreta a manteiga e o chocolate, até obter um creme liso. Deixe esfriar.
4. Numa tigela grande, bata o cream cheese com o chocolate, já frio, até obter uma mistura homogênea. Coloque o açúcar, mexa bem, junte os ovos e misture. Acrescente a farinha, a essência e misture bem.
5. Coloque metade da mistura na assadeira e faça, em cima, uma camada com metade dos cubos de abóbora. Coloque o restante da massa por cima. Faça mais uma camada com a abóbora e finalize com as sementes (sem casca) por cima.
6. Leve ao forno por 25 minutos, ou até que cresça, fique firme e doure.
7. Deixe esfriar por 10 minutos. Corte em quadrados e desenforme. Sirva quente ou frio. Para guardar, use recipiente com tampa, entremeando os pedaços com papel-manteiga, para que não grudem.

BROWNIE FLORESTA NEGRA

12-16 PEDAÇOS

BROWNIE

200 g de manteiga, mais um pouco para untar
225 g de chocolate amargo em pedaços
3 ovos
½ xícara (chá) de açúcar
½ xícara (chá) de açúcar mascavo
¾ de xícara (chá) de farinha de trigo com fermento
¼ de xícara (chá) de cacau em pó
uma pitada de sal
1 xícara (chá) de cerejas ao marasquino picadas (reserve a calda)

CALDA

½ xícara (chá) da calda das cerejas ao marasquino
2 colheres (sopa) de kirsch
¼ de xícara (chá) de açúcar mascavo

PARA SERVIR

1 xícara (chá) de creme de leite
½ xícara (chá) de açúcar de confeiteiro
sementes de ½ fava de baunilha
24 cerejas frescas
45 g de chocolate ao leite em raspas

1. Preaqueça o forno a 200°C. Unte uma fôrma de 33 cm x 23 cm e forre com papel-manteiga.
2. Numa panela de fundo grosso, em fogo baixo, derreta a manteiga e o chocolate, até obter um creme liso. Deixe esfriar.
3. Numa tigela grande, bata os ovos com os açúcares. Junte o chocolate com a manteiga e misture. Adicione a farinha de trigo, o cacau em pó, o sal e misture bem.
4. Coloque a massa na assadeira. Espalhe as cerejas picadas por cima e leve ao forno por 30-35 minutos, ou até que fique quase firme. Deixe esfriar e fure toda a superfície com um garfo.
5. Coloque a calda das cerejas em uma panela pequena com o kirsch e o açúcar, em fogo baixo. Mexa até que o açúcar dissolva e a calda engrosse. Deixe esfriar e depois regue o brownie com essa calda.
6. Coloque o creme de leite com o açúcar de confeiteiro e as sementes de baunilha na batedeira. Bata até que atinja ponto de chantilly. Reserve.
7. Corte em quadrados e desenforme. Sirva quente ou frio com o creme de chantilly por cima e decore com as cerejas e as raspas de chocolate.

BROWNIE DE CHOCOLATE SEM GLÚTEN

Não é necessário fazer dieta livre de glúten para aproveitar essa variedade de brownie de chocolate, tão gostoso como os feitos com farinha de trigo convencional.

18 PEDAÇOS

200 g de manteiga, mais um pouco para untar
200 g de chocolate amargo em pedaços
3 ovos
¾ de xícara (chá) de açúcar mascavo
⅔ de xícara (chá) de farinha de trigo sem glúten
2 colheres (chá) de fermento sem glúten
200 g de chocolate ao leite picado
1 ⅔ xícara (chá) de nozes picadas

1. Preaqueça o forno a 190°C. Unte uma fôrma de 27,5 cm x 18 cm e forre com papel-manteiga.
2. Numa panela de fundo grosso, em fogo baixo, derreta a manteiga e o chocolate, até obter um creme liso. Deixe esfriar.
3. Numa tigela grande, bata os ovos com o açúcar. Acrescente o chocolate com a manteiga e misture. Adicione a farinha de trigo e o fermento e misture bem. Coloque o chocolate e as nozes picadas e mexa delicadamente.
4. Coloque a massa na assadeira e leve ao forno por 30 minutos, até que uma casquinha açucarada se forme na superfície.
5. Deixe esfriar. Corte em quadrados e desenforme. Sirva quente ou frio. Se for guardar, use recipiente com tampa e coloque papel-manteiga entre os pedaços.

DICA
Se preferir, substitua as nozes por macadâmias, amêndoas ou castanhas-do--pará picadas no tamanho que desejar.

BROWNIE COM CREME DE AMENDOIM

Esta receita reúne alguns dos ingredientes preferidos das crianças – chocolate e creme de amendoim –, sendo uma boa opção para festas de aniversário.

18 PEDAÇOS

- 200 g de manteiga, mais um pouco para untar
- 115 g de chocolate amargo em pedaços
- 1 xícara (chá) de pasta de chocolate com avelãs
- ½ xícara (chá) de creme de amendoim
- 3 ovos
- 1 xícara (chá) de açúcar
- ⅔ de xícara (chá) de farinha de trigo com fermento

1. Preaqueça o forno a 200°C. Unte uma fôrma de 33 cm x 23 cm e forre com papel-manteiga.
2. Numa panela de fundo grosso, em fogo baixo, derreta a manteiga, o chocolate amargo e a pasta de chocolate com avelãs, até obter um creme liso. Deixe esfriar.
3. No micro-ondas ou em fogo baixo, derreta o creme de amendoim até que fique pastoso e reserve.
4. Numa tigela grande, bata os ovos com o açúcar. Acrescente o chocolate com a manteiga e misture. Adicione a farinha de trigo e mexa bem.
5. Coloque a massa na assadeira e, com uma colher, despeje o creme de amendoim por cima, deixando escorrer, fazendo "riscos" por cima da massa. Leve ao forno por 30 minutos, até que cresça, mas fique ligeiramente macia no centro.
6. Deixe esfriar. Corte em quadrados e desenforme. Sirva quente ou frio. Para guardar, use recipiente com tampa, entremeando os pedaços com papel-manteiga, para que não grudem.

BROWNIE COM CAFÉ E RECHEIO BRANCO

Não se deixe enganar pelo recheio de chocolate branco e as gotas de chocolate ao leite. O forte sabor de café deste brownie faz dele uma boa pedida para adultos.

16 PEDAÇOS

225 g de manteiga, mais um pouco para untar
225 g de chocolate amargo picado
3 ovos
⅔ de xícara (chá) de açúcar
½ xícara (chá) de açúcar mascavo
2 colheres (sopa) de café bem forte
⅔ de xícara (chá) de farinha de trigo com fermento
uma pitada de sal
½ xícara (chá) de gotas de chocolate ao leite
½ xícara (chá) de chocolate branco ralado

1. Preaqueça o forno a 200°C. Unte uma fôrma de 33 cm x 23 cm e forre com papel-manteiga.
2. Numa panela de fundo grosso, em fogo baixo, derreta a manteiga e o chocolate amargo, até obter um creme liso. Deixe esfriar.
3. Numa tigela grande, bata os ovos com os açúcares e o café. Acrescente o chocolate com a manteiga e misture. Adicione a farinha de trigo, o sal e mexa bem. Por fim, coloque as gotas de chocolate.
4. Coloque metade da massa na assadeira e espalhe por cima o chocolate branco ralado. Despeje o restante da massa por cima e leve ao forno por 20-25 minutos, até que cresça, mas fique ligeiramente macia no centro. Deixe esfriar pelo menos por 10 minutos antes de cortar em quadrados. Desenforme e sirva, quente ou frio. Para guardar, use recipiente com tampa, entremeando os pedaços com papel-manteiga.

DICA
Experimente fazer esta receita com chocolate mentolado ou crocante. Tente também com uma camada de nozes picadas ou uvas-passas.

BROWNIE BRANCO COM MANGA

Esta receita possui um toque tropical, com manga fresca como um dos ingredientes.

12-16 PEDAÇOS

- 155 g de manteiga, mais um pouco para untar
- 250 g de chocolate branco em pedaços
- 1 manga picada
- 3 ovos
- ⅔ de xícara (chá) de açúcar
- sementes de 1 fava de baunilha
- 1 ¼ xícara (chá) de farinha de trigo com fermento
- 3 colheres (sopa) de manga desidratada picada (opcional)
- ½ xícara (chá) de gotas de chocolate branco
- manga fresca em fatias, para servir (opcional)

1. Preaqueça o forno a 160°C. Unte uma fôrma quadrada de 23 cm e forre com papel-manteiga.
2. Numa panela de fundo grosso, em fogo baixo, derreta a manteiga e o chocolate branco, até obter um creme liso. Deixe esfriar.
3. Coloque metade da manga no processador e bata até obter um purê. Reserve o restante.
4. Numa tigela grande, bata os ovos com o açúcar, as sementes de baunilha e o purê de manga. Acrescente o chocolate com a manteiga e misture. Adicione a farinha de trigo, a manga fresca restante e a desidratada e mexa bem.
5. Junte as gotas de chocolate, misture, coloque a massa na assadeira e leve ao forno por 30 minutos, até que cresça, doure e fique firme.
6. Deixe esfriar e corte em quadrados. Desenforme. Sirva quente ou frio, com pedaços de manga. Para guardar, use recipiente com tampa, entremeando os pedaços com papel-manteiga, para que não grudem.

BROWNIE BRANCO COM PASSAS

Esta versão clássica do brownie branco leva uvas-passas escuras, que podem ser substituídas por outras frutas secas de sua preferência.

20 PEDAÇOS

115 g de manteiga, mais um pouco para untar
200 g de chocolate branco em pedaços
3 ovos
1 xícara (chá) de açúcar
1 colher (chá) de essência de baunilha
1 ¼ xícara (chá) de farinha de trigo
1 colher (chá) de fermento em pó
⅔ de xícara (chá) de uvas-passas escuras

1. Preaqueça o forno a 180°C. Unte uma fôrma de 27,5 cm x 18 cm e forre com papel-manteiga.
2. Numa panela de fundo grosso, em fogo baixo, derreta a manteiga e metade do chocolate branco, até obter um creme liso. Deixe esfriar.
3. Numa tigela grande, bata os ovos com o açúcar e a essência de baunilha. Acrescente o chocolate com a manteiga e misture. Adicione a farinha de trigo, o fermento e mexa bem.
4. Pique bem o restante do chocolate e coloque metade dele na massa, junto com metade das uvas-passas.
5. Coloque a massa na assadeira e ponha por cima o chocolate branco e as uvas-passas restantes. Leve ao forno por 30-35 minutos, até que cresça e doure, mas fique levemente macia no centro.
6. Deixe esfriar pelo menos por 10 minutos antes de cortar em quadrados. Desenforme e sirva, quente ou frio. Para guardar, use recipiente com tampa, entremeando os pedaços com papel-manteiga, para que não grudem.

BARRINHAS & TORTAS

TORTA DE GELEIA

Esta torta é ótima para lanches da tarde. Use a geleia do sabor que preferir, e pode variar a cada vez, para diversificar a receita.

16 UNIDADES

250 g de manteiga, mais um pouco para untar
1 ⅔ xícara (chá) de farinha de trigo com fermento
1 xícara (chá) de fubá pré-cozido
1 ⅔ xícara (chá) de avelãs moídas
raspas de 1 laranja
⅔ de xícara (chá) de açúcar
2 ovos grandes batidos
1 xícara (chá) de geleia de frutas
3 colheres (sopa) de açúcar de confeiteiro

1. Preaqueça o forno a 160°C. Unte uma fôrma de 27,5 cm x 18 cm e forre com papel-manteiga.
2. Numa panela pequena e de fundo grosso, em fogo baixo, derreta a manteiga. Deixe esfriar.
3. Numa tigela grande, misture a farinha de trigo com o fubá, as avelãs moídas, as raspas de laranja e o açúcar.
4. Numa outra tigela, misture os ovos com a manteiga. Junte à mistura seca e mexa bem. Coloque ⅔ dessa mistura na assadeira untada e, com as costas de uma colher, aperte bem contra o fundo.
5. Coloque a geleia por cima, espalhando bem, e cubra com o restante da massa, deixando algumas falhas para que a geleia fique aparente.
6. Polvilhe com açúcar de confeiteiro e leve ao forno por 25-30 minutos, ou até que doure.
7. Deixe esfriar por 10 minutos. Desenforme, corte em quadrados e sirva.

BARRINHAS DE CHOCOLATE COM DAMASCOS

Esta é uma barrinha refinada, com a quantidade perfeita de damascos para dar um sabor ácido e cortar a doçura do chocolate. Sirva com um café forte depois das refeições, como sobremesa.

16-20 UNIDADES

- 100 g de manteiga, mais um pouco para untar
- 200 g de chocolate amargo (70% de cacau)
- ½ xícara (chá) de amêndoas ao meio
- 115 g de biscoitos amaretti cortados ao meio
- ½ xícara (chá) de damascos secos picados
- 45 g de chocolate sabor laranja picado

1. Unte uma fôrma de 27,5 cm x 18 cm.
2. Numa panela pequena e de fundo grosso, em fogo baixo, derreta a manteiga e o chocolate amargo. Deixe esfriar.
3. Torre as amêndoas até que dourem, em fogo baixo, numa frigideira de fundo grosso.
4. Numa tigela grande, misture os biscoitos, os damascos e o chocolate com laranja. Junte o chocolate derretido e mexa bem, delicadamente, até que tudo fique envolto pelo chocolate.
5. Coloque a mistura na fôrma e pressione contra o fundo, com as costas de uma colher. Coloque as amêndoas por cima.
6. Deixe na geladeira pelo menos por 45 minutos, ou até que fique firme. Corte em barrinhas e sirva com café.

STRUDEL DE PÊSSEGO

A massa folhada é perfeita para fazer strudel e pode ser comprada congelada em supermercados. Para usar, basta separar as folhas de massa, untar com manteiga e rechear.

4 UNIDADES

3 pêssegos sem casca picados
2 colheres (sopa) de açúcar
2 colheres (sopa) de amêndoas moídas
½ colher (chá) de canela em pó
2 colheres (sopa) de uvas-passas brancas
6 folhas de massa folhada de 30 cm x 28 cm cada
3 colheres (sopa) de manteiga derretida
açúcar de confeiteiro peneirado para decorar
chantilly ou sorvete de creme para acompanhar

1. Preaqueça o forno a 180°C.
2. Numa tigela média, misture os pêssegos com o açúcar, as amêndoas moídas, a canela e as uvas-passas.
3. Coloque uma folha de massa numa superfície lisa e passe um pouco de manteiga derretida por cima das bordas. Coloque ¼ do recheio, deixando 5 cm das bordas sem recheio.
4. Levante uma das bordas e cubra o recheio. Depois, enrole todo o strudel. Repita a operação com outras três folhas da massa.
5. Corte as duas folhas restantes de massa pela metade. Pincele as bordas com manteiga. Enrole cada strudel já pronto em uma dessas metades. Pincele cada um com manteiga e leve para a assadeira.
6. Asse por 10-13 minutos, ou até que doure. Polvilhe com açúcar de confeiteiro peneirado e sirva ainda morno com chantilly ou sorvete de creme.

BARRINHAS DE TÂMARAS COM CHOCOLATE

Esta receita é simples e um sucesso garantido em qualquer festa.

16 UNIDADES

- 5 colheres (sopa) de manteiga, mais um pouco para untar
- 1 xícara (chá) de tâmaras picadas
- 90 g de chocolate amargo picado
- 2 colheres (sopa) de glicose de milho
- 1 colher (sopa) de cacau em pó
- ½ colher (chá) de essência de baunilha
- 1 ½ xícara (chá) de biscoito de maisena picado
- ½ xícara (chá) de biscoito amanteigado picado
- ½ xícara (chá) de pecãs picadas
- 140 g de chocolate branco derretido (opcional)

1. Unte uma assadeira de 27,5 cm x 18 cm.
2. Numa panela média e de fundo grosso, em fogo baixo, derreta a manteiga com as tâmaras. Junte o chocolate amargo, a glicose de milho, o cacau em pó e a essência de baunilha. Mexa até que o chocolate derreta.
3. Numa tigela grande, coloque os biscoitos picados e as pecãs. Despeje a mistura de chocolate e mexa bem.
4. Coloque a mistura na assadeira, usando uma espátula para nivelar a massa. Cubra e deixe esfriar em temperatura ambiente. Derreta o chocolate branco e despeje por cima, fazendo fios. Deixe esfriar mais.
5. Corte em barrinhas e sirva, ou guarde em um recipiente bem fechado.

PIRÂMIDE DE CHOCOLATE

Esta torta não vai ao forno, é prática, deliciosa e pode ser cortada em diferentes formatos. Os damascos podem ser substituídos por outras frutas secas, como tâmaras ou ameixas.

12 UNIDADES

manteiga para untar
290 g de chocolate meio amargo picado
½ xícara (chá) de leite condensado
175 g de biscoito maisena picado
¾ de xícara (chá) de damascos picados
1 colher (sopa) de nozes picadas
1 ¾ xícara (chá) de chocolate ao leite picado (opcional)

DICA
Se preferir, coloque a massa normalmente, corte o doce em pequenos quadrados e sirva como docinhos.

1. Unte uma fôrma quadrada de 18 cm e borda alta. Forre o fundo e três bordas com filme de PVC.
2. Numa panela de fundo grosso, em fogo baixo, derreta o chocolate meio amargo com o leite condensado, mexendo sempre, até que o chocolate derreta. Transfira para uma tigela e deixe esfriar.
3. Misture ao chocolate os biscoitos, as frutas secas e as nozes e mexa bem. Coloque a assadeira na diagonal, para que forme um ângulo de 45°. Coloque um apoio para ajudar, de modo que fique firme. Coloque a massa com a ajuda de uma espátula, nivelando bem. Deixe esfriar e leve para a geladeira para que endureça.
4. Retire o doce da fôrma e tire o filme de PVC. Derreta o chocolate ao leite e passe por cima, se desejar. Fatie as pirâmides e sirva.

BARRINHAS DE FLOCOS DE MILHO COM MORANGOS

Esta é uma boa maneira de usar os cereais do café da manhã. Os morangos e o marshmallow dão um belo colorido a esta deliciosa solução para lanche da tarde.

12 UNIDADES

100 g de manteiga, mais um pouco para untar
200 g de marshmallow rosa
1 colher (sopa) de geleia de morango
5 ⅓ xícaras (chá) de flocos de milho
½ xícara (chá) de morangos secos picados

1. Unte uma fôrma de 27,5 cm x 18 cm e forre com papel-manteiga. Corte outra folha de papel-manteiga do mesmo tamanho da fôrma, para fazer uma "tampa".
2. Numa panela grande, em fogo baixo, derreta a manteiga, o marshmallow e a geleia.
3. Retire a panela do fogo, coloque os flocos de milho e junte os morangos secos. Mexa bem e coloque na fôrma.
4. Coloque a outra folha de papel-manteiga por cima e aperte com a palma da mão. Deixe esfriar em temperatura ambiente.
5. Desenforme e corte em barrinhas. Se for guardar, conserve em um recipiente fechado.

BARRINHAS DE QUINUA COM GRANOLA

Estas barrinhas não são apenas saudáveis, são deliciosas! A quinua é um cereal rico em aminoácidos; o farelo de trigo é fonte de fibras; e as sementes de linhaça são fonte de ômega-3.

16 UNIDADES

- 200 g de manteiga, mais um pouco para untar
- ⅓ de xícara (chá) de açúcar mascavo
- 3 colheres (sopa) de mel
- ⅓ de xícara (chá) de farinha de arroz integral
- 2 ovos batidos
- 1 ⅓ xícara (chá) de quinua caramelizada
- 1 ½ xícara (chá) de farelo de trigo
- 2 xícaras (chá) de granola sem açúcar
- 2 colheres (sopa) de sementes de linhaça
- ⅓ de xícara (chá) de damascos picados

1. Preaqueça o forno a 180°C. Unte uma fôrma quadrada de 27 cm.
2. Numa panela pequena e de fundo grosso, em fogo baixo, derreta a manteiga com o açúcar e o mel. Coloque em uma tigela e bata com os ovos e a farinha de arroz.
3. Junte a quinua, o farelo, a granola, a linhaça e o damasco. Mexa bem.
4. Coloque na assadeira, pressionando com as costas de uma colher. Asse por cerca de 20 minutos, ou até ficar firme e dourar.
5. Deixe esfriar por 5-10 minutos, corte em barrinhas e espere esfriar completamente antes de servir.

DICA

Caso não encontre quinua caramelizada, use a versão em flocos, mais fácil de achar. Adicione 1 colher (sopa) de açúcar à receita para manter a doçura ideal.

BARRINHAS DE COCO COM CEREJAS

Esta barrinha é uma boa variedade para lanches. Tem textura crocante, resultado da mistura do coco com o açúcar mascavo. Difícil resistir!

16 UNIDADES

100 g de manteiga, mais um pouco para untar
1 ¼ xícara (chá) de açúcar mascavo
¾ de xícara (chá) de farinha de trigo, mais 2 colheres (sopa)
1 ⅓ xícara (chá) de coco ralado
½ colher (chá) de fermento em pó
uma pitada de sal
2 ovos batidos
1 colher (chá) de essência de baunilha
½ xícara (chá) de cerejas ao marasquino picadas

1. Preaqueça o forno a 180°C. Unte uma assadeira de 27,5 cm x 18 cm.
2. Numa panela pequena e de fundo grosso, em fogo baixo, derreta a manteiga. Junte ⅓ de xícara de açúcar mascavo, ¾ de xícara de farinha de trigo e ⅓ de xícara de coco ralado. Mexa bem até derreter todo o açúcar.
3. Coloque a mistura na assadeira e pressione contra o fundo com as costas de uma colher. Coloque no forno por 10 minutos e deixe esfriar por 5 minutos.
4. Numa tigela, misture o açúcar, a farinha e o coco restantes, junto com o fermento e o sal. Mexa bem e adicione os ovos e a baunilha. Misture bem e espalhe sobre a massa assada. Nivele com uma colher ou espátula.
5. Coloque as cerejas picadas por cima e leve ao forno por mais 20 minutos, ou até dourar.
6. Deixe esfriar e corte em barrinhas.

BARRINHAS DE MAÇÃ COM UVAS-PASSAS

Esta barrinha de frutas pode ser feita com ou sem o glacê de limão.

12-16 UNIDADES

BARRINHA

200 g de manteiga, mais um pouco para untar
⅔ de xícara (chá) de glicose de milho
⅔ de xícara (chá) de açúcar mascavo
⅔ de xícara (chá) de purê de maçã
5 xícaras (chá) de flocos de aveia
¾ de xícara (chá) de uvas-passas brancas
uma pitada de sal
1 colher (chá) de canela em pó (opcional)

GLACÊ

2 colheres (sopa) de suco de limão
1 ¼ xícara (chá) de açúcar de confeiteiro

1. Preaqueça o forno a 180°C. Unte uma assadeira de 33 cm x 23 cm.
2. Numa panela grande e de fundo grosso, em fogo baixo, derreta a manteiga com a glicose. Junte o açúcar, retire do fogo e adicione o purê de maçã, a aveia, as uvas-passas, o sal e a canela. Mexa bem.
3. Coloque a mistura na assadeira, pressione contra o fundo com as costas de uma colher e asse por 35 minutos, ou até que doure. Corte em barras e deixe esfriar.
4. Para o glacê, misture o suco de limão e o açúcar de confeiteiro, até dissolver bem o açúcar.
5. Use uma espátula de metal para tirar as barrinhas da assadeira e despeje o glacê por cima. Deixe endurecer e sirva.

TORTA DE CHOCOLATE COM CEREJAS E MACADÂMIAS

As macadâmias combinam muito bem com cerejas e chocolate, mas podem ser substituídas por avelãs. Os cookies de gengibre podem ser encontrados em lojas de produtos naturais.

9 UNIDADES

125 g de manteiga, mais um pouco para untar
200 g de chocolate amargo em pedaços
½ xícara (chá) de glicose de milho
12 cookies de gengibre
⅔ de xícara (chá) de cerejas ao marasquino cortadas ao meio
⅔ de xícara (chá) de macadâmias torradas e picadas

1. Unte uma fôrma quadrada de 20 cm e forre com papel-manteiga.
2. Numa panela pequena e de fundo grosso, em fogo baixo, derreta a manteiga com o chocolate e a glicose de milho, até obter uma mistura lisa. Reserve.
3. Bata metade dos cookies em um processador, para obter uma farofa, e junte à mistura de chocolate. Pique o restante e acrescente com as cerejas e as macadâmias à mistura de chocolate. Misture bem.
4. Coloque a massa na fôrma e deixe gelar pelo menos por 2 horas.
5. Retire a torta da fôrma e corte em fatias.

BARRINHAS DE PÊSSEGO LIGHT

Esta barrinha light, sem açúcar ou gordura, é uma boa opção para começar o dia de modo saboroso e nutritivo. O purê feito com pêssegos dá ainda mais umidade e doçura à receita.

12-16 UNIDADES

manteiga para untar
2 ovos
1 xícara (chá) de purê de pêssego
1 ½ xícara (chá) de flocos de aveia
½ xícara (chá) de ameixas secas
½ xícara (chá) de maçã seca
3 colheres (sopa) de amêndoas picadas
¼ de xícara (chá) de pecãs picadas
½ xícara (chá) de farinha de trigo
1 colher (chá) de canela em pó

1. Preaqueça o forno a 180°C. Unte uma assadeira antiaderente de 33 cm x 23 cm.
2. Numa tigela grande, bata os ovos com o purê de pêssego. Junte a aveia, as ameixas, a maçã, as amêndoas e as pecãs. Misture bem. Adicione a farinha e a canela e mexa mais.
3. Coloque a massa na assadeira e leve ao forno por 20 minutos, ou até que fique firme e doure.
4. Deixe esfriar por 5 minutos e desenforme. Deixe esfriar por completo e corte as barrinhas.

BARRINHAS DE AVEIA COM FRAMBOESAS

Estas barrinhas possuem um delicioso sabor contrastante de frutas cítricas e um efeito crocante de aveia.

12-14 UNIDADES

170 g de manteiga levemente amolecida e cortada em cubos pequenos, mais um pouco para untar
¾ de xícara (chá) de farinha de trigo
⅔ de xícara (chá) de farinha integral
2 xícaras (chá) de flocos de aveia
¾ de xícara (chá) de açúcar
raspas da casca de 1 limão
2 xícaras (chá) de framboesas
açúcar de confeiteiro para decorar

1. Preaqueça o forno a 180°C. Unte uma assadeira de 27,5 cm x 18 cm e forre com papel-manteiga.
2. Coloque a manteiga, as farinhas e a aveia em uma tigela e misture com a ponta dos dedos, até formar um farelo úmido. Acrescente o açúcar e as raspas de limão.
3. Coloque metade da mistura na assadeira e aperte contra o fundo para nivelar a camada. Acrescente as framboesas por cima e finalize com o restante da massa.
4. Asse por 1 hora, ou até dourar. Corte em barrinhas e deixe esfriar. Desenforme e sirva com açúcar de confeiteiro por cima.

BARRINHAS DE CHOCOLATE COM AMENDOIM

Com bastante chocolate e creme de amendoim, esta barrinha é sempre um sucesso. Se preferir, faça a cobertura só com chocolate amargo ou misture com chocolate branco.

24 UNIDADES

BASE

115 g de manteiga, mais um pouco para untar
90 g de chocolate ao leite em pedaços
½ xícara (chá) de creme de amendoim
2 ⅓ xícaras (chá) de biscoito de maisena picadinho
⅓ de xícara (chá) de açúcar de confeiteiro

COBERTURA

2 colheres (sopa) de manteiga
90 g de chocolate ao leite em pedaços
90 g de chocolate amargo em pedaços

1. Unte uma fôrma de 27,5 cm x 18 cm.
2. Para fazer a base, leve uma panela de fundo grosso ao fogo baixo e derreta a manteiga com o chocolate e o creme de amendoim. Junte os biscoitos e o açúcar e mexa mais.
3. Coloque a mistura na fôrma, nivele com as costas de uma colher e deixe na geladeira por 15-20 minutos, ou até ficar firme.
4. Para a cobertura, derreta a manteiga e os chocolates em uma panela de fundo grosso, em fogo baixo, até obter uma mistura lisa. Espalhe sobre a massa e nivele.
5. Deixe esfriar completamente antes de cortar em barrinhas. Guarde em recipiente bem fechado.

BARRINHAS DE CHOCOLATE BRANCO E UVAS-PASSAS

Use sua fruta seca favorita e a granola de sua preferência para fazer esta barrinha. É tão deliciosa que não vai sobrar para guardar!

12-16 UNIDADES

125 g de manteiga, mais um pouco para untar
2 colheres (sopa) de mel
⅓ de xícara (chá) de açúcar
3 ½ xícaras (chá) de granola sem açúcar
⅔ de xícara (chá) de uvas-passas escuras
uma pitada de pimenta-da-jamaica
250 g de chocolate branco em pedaços
sementes de 1 fava de baunilha

1. Preaqueça o forno a 160°C. Unte uma fôrma rasa de 23 cm x 18 cm e forre com papel-manteiga.
2. Numa panela pequena e de fundo grosso, em fogo baixo, derreta a manteiga com o mel e o açúcar, mexendo sempre.
3. Numa tigela grande, misture a granola com as uvas-passas e a pimenta-da-jamaica. Junte a mistura de manteiga com mel e mexa bem.
4. Coloque a mistura na assadeira e pressione contra o fundo com as costas de uma colher. Asse por 25-30 minutos, ou até que doure. Retire do forno e deixe esfriar por completo.
5. Em banho-maria, derreta o chocolate branco e depois coloque as sementes de baunilha.
6. Coloque uma camada grossa do chocolate derretido por cima da base de cereais. Deixe esfriar por completo antes de cortar em barrinhas. Desenforme, sirva ou guarde em um recipiente bem fechado.

BARRINHAS DE FRUTAS SECAS

As crianças geralmente adoram essas barrinhas coloridas, que animam qualquer festa. Os ingredientes da cobertura podem ser trocados para adaptar-se à preferência de cada um.

20 UNIDADES

BASE

250 g de manteiga, mais um pouco para untar
¾ de xícara (chá) de açúcar de confeiteiro
1 colher (chá) de sal
2 ¼ xícaras (chá) de farinha de trigo
½ xícara (chá) de coco ralado
½ xícara (chá) de mirtilos
raspas de ½ laranja

COBERTURA

200 g de chocolate branco derretido
¼ de xícara (chá) de mamão seco picado
¼ de xícara (chá) de abacaxi seco picado
¼ de xícara (chá) de damascos secos picados
¼ de xícara (chá) de cerejas ao marasquino picadas
¼ de xícara (chá) de casca de laranja cristalizada
1 colher (sopa) de confeitos de bolinhas prateadas (opcional)

1. Preaqueça o forno a 180°C. Unte uma fôrma de 33 cm x 23 cm.
2. Numa tigela grande, bata a manteiga, o açúcar e o sal até obter um creme fofo. Junte a farinha, o coco, os mirtilos e as raspas de laranja. Mexa bem.
3. Coloque a mistura na fôrma e pressione contra o fundo com as costas de uma colher, nivelando a massa. Asse por 30-35 minutos, ou até dourar.
4. Deixe esfriar. Coloque o chocolate branco derretido por cima, espalhando e nivelando bem sobre toda a superfície.
5. Misture as frutas secas em uma tigela e espalhe sobre o chocolate branco, pressionando com cuidado. Jogue as bolinhas prateadas por cima, para decorar.
6. Deixe o chocolate endurecer antes de cortar as barrinhas. Para guardar, use recipiente fechado, entremeando as barrinhas com papel-manteiga, para que não grudem.

TORTA DE NOZES-PECÃS

Esta receita com nozes-pecãs pode também ser feita com avelãs, amêndoas, castanha de caju, castanha-do-pará e nozes. Pique-as bem e substitua respeitando as quantidades indicadas.

12-16 UNIDADES

100 g de manteiga, mais um pouco para untar
⅓ de xícara (chá) de açúcar
1 colher (sopa) de açúcar sabor baunilha
1 gema grande
1 xícara (chá) de farinha de trigo
½ colher (chá) de fermento em pó
¼ de xícara (chá) de canela em pó

COBERTURA

2 ovos
¼ de xícara (chá) de açúcar mascavo
½ xícara (chá) de glicose de milho
2 colheres (sopa) de creme de leite fresco
1 ¼ xícara (chá) de nozes-pecãs picadas

1. Preaqueça o forno a 180°C. Unte uma assadeira de 33 cm x 23 cm e forre com papel-manteiga.
2. Numa tigela grande, bata a manteiga, os açúcares, a gema e mexa bem. Junte a farinha, o fermento e a canela.
3. Coloque a mistura na fôrma e pressione contra o fundo. Asse por 12-15 minutos, ou até dourar. Retire do forno e abaixe a temperatura para 160°C.
4. Para a cobertura, bata os ovos com o açúcar mascavo e adicione a glicose de milho, o creme de leite e as nozes-pecãs. Espalhe sobre a base e asse por mais 20-25 minutos, até dourar.
5. Deixe esfriar e corte em quadrados. Desenforme e sirva. Se for guardar, use um recipiente bem fechado, colocando papel-manteiga entre os pedaços, para que não grudem.

BARRINHAS DE SEMENTES DE ABÓBORA E GIRASSOL

Só os aromas destas barrinhas assando já bastariam para animá-lo. Os ingredientes não levam laticínios e contêm frutas e sementes que proporcionam energia.

18 UNIDADES

manteiga para untar
2 colheres (sopa) de glicose de milho
¼ de xícara (chá) de mel
90 ml de óleo vegetal
⅓ de xícara (chá) de sementes de abóbora
⅓ de xícara (chá) de sementes de girassol
1 ⅔ xícara (chá) de flocos de aveia
⅓ de xícara (chá) de mirtilos
¼ de xícara (chá) de maçã seca picada
2 colheres (sopa) de açúcar mascavo
uma pitada de sal
2 colheres (sopa) de amendoins
¼ de xícara (chá) de gotas de chocolate

1. Preaqueça o forno a 180°C. Unte uma assadeira de 27,5 cm x 18 cm e forre com papel-manteiga.
2. Numa panela pequena, de fundo grosso, derreta a manteiga com a glicose, o mel e o óleo.
3. Numa tigela grande, misture as sementes de abóbora e de girassol com a aveia, os mirtilos, a maçã, o açúcar, o sal e os amendoins picados. Acrescente a mistura de mel e mexa bem.
4. Despeje na assadeira, pressionando contra o fundo. Coloque as gotas de chocolate por cima, pressionando com cuidado. Asse por 20-25 minutos, ou até dourar.
5. Deixe esfriar por 10 minutos antes de cortar as barrinhas com uma faca afiada. Deixe esfriar por completo antes de servir.

DICAS

Se encontrar óleo de sementes de abóbora, substitua 30 ml do óleo vegetal. Ele proporciona um gosto especial à barrinha.

TORTA DE FIGOS COM MAÇÃ

Esta torta tem três camadas: uma base, seguida de uma camada de frutas e uma cobertura crocante de nozes. Sirva como sobremesa e ela será devorada em segundos!

24 UNIDADES

BASE

115 g de manteiga, mais um pouco para untar
2 colheres (sopa) de açúcar
2 colheres (sopa) de ovo batido
1 ½ xícara (chá) de farinha de trigo, mais um pouco para polvilhar

CAMADA DE FRUTA

1-2 maçãs descascadas e em cubos
1 xícara (chá) de figos secos
2 colheres (sopa) de suco de maçã
¼ de xícara (chá) de açúcar mascavo

COBERTURA

1 xícara (chá) de farinha de trigo
½ xícara (chá) de açúcar cristal
⅔ de xícara (chá) de nozes picadas
7 colheres (sopa) de manteiga derretida

1. Preaqueça o forno a 200°C. Unte uma assadeira de 33 cm x 23 cm e forre com papel-manteiga.
2. Para a massa da base, bata a manteiga, o açúcar e o ovo (só duas colheres dele já batido) em uma tigela, até obter um creme claro. Junte a farinha e misture, formando uma massa homogênea. Se necessário, coloque mais uma colher (sopa) de farinha.
3. Abra a massa em uma superfície enfarinhada e preencha com ela o fundo da assadeira. Deixe descansar na geladeira.
4. Para a camada de frutas, coloque a maçã, os figos, o suco de maçã e o açúcar mascavo em uma panela de fundo grosso, em fogo baixo. Cozinhe por 5 minutos, até os cubinhos de maçã amolecerem, sem que percam o formato.
5. Para a cobertura, junte a farinha, o açúcar, as nozes e a manteiga derretida em uma tigela. Misture bem.
6. Tire a assadeira com a massa da geladeira e espalhe por cima primeiro as frutas depois a mistura com as nozes. Leve ao forno por 20-25 minutos, até que doure e fique crocante. Deixe esfriar e corte em quadrados.

BARRINHAS DE AMEIXAS COM LARANJA

Embrulhe essas barrinhas para presentear alguém ou sirva como sobremesa, acompanhadas de um café, após um jantar.

24 UNIDADES

200 g de manteiga
200 g de chocolate amargo com sabor de laranja em pedaços
150 g de chocolate ao leite em pedaços
200 g de biscoito amanteigado
raspas da casca de 1 laranja
1 xícara (chá) de ameixas picadas
2 colheres (sopa) de raspas de laranja cristalizada
½ xícara (chá) de gotas de chocolate

1. Forre uma fôrma ou travessa de 33 cm x 23 cm com filme de PVC, deixando sobrar nas bordas para cobri-la depois.
2. Numa panela média de fundo grosso, em fogo baixo, derreta a manteiga com os chocolates, até obter uma mistura lisa. Deixe esfriar.
3. Coloque os biscoitos amanteigados em um saco plástico limpo e quebre-os, golpeando com um martelo de carne, por exemplo.
4. Acrescente as raspas de laranja, as ameixas, as raspas cristalizadas e o biscoito ao chocolate na panela. Misture bem. Adicione as gotas de chocolate e misture.
5. Coloque a massa na fôrma ou travessa, pressionando levemente com as costas de uma colher para nivelar. Cubra tudo com as bordas do filme de PVC e leve à geladeira pelo menos por uma hora, ou até endurecer.
6. Desenforme e coloque sobre uma tábua de cortar. Corte em barrinhas e sirva, ou guarde em recipiente com tampa, com papel-manteiga entre as barrinhas, para que não grudem.

TORTA DE MAÇÃ

12-16 PEDAÇOS

COBERTURA

100 g de manteiga, mais um pouco para untar
6-8 maçãs descascadas e fatiadas
1 xícara (chá) de açúcar mascavo
¼ de xícara (chá) de suco de limão

BASE

2 ½ xícaras (chá) de farinha de trigo, mais um pouco para polvilhar
170 g de manteiga em cubinhos
¼ de xícara (chá) de açúcar
uma pitada de sal
3 gemas
2 colheres (sopa) de creme de leite fresco

1. Preaqueça o forno a 190°C. Unte uma assadeira de 33 cm x 23 cm.
2. Numa frigideira grande, derreta a manteiga e junte as fatias de maçã. Acrescente o açúcar e o suco de limão e cozinhe por 45 minutos em fogo baixo, virando as maçãs de vez em quando. Deixe esfriar.
3. Para a base, coloque a farinha em uma tigela grande e vá misturando com a manteiga em cubinhos com a ponta dos dedos, até que ganhe textura de migalhas de pão. Junte o açúcar e o sal.
4. Adicione as gemas e o creme de leite, misture bem e forme uma bola com a massa. Embrulhe-a em filme de PVC e deixe na geladeira pelo menos por 30 minutos.
5. Quando estiverem frias o suficiente para manusear, arrume as fatias de maçã lado a lado no fundo da assadeira. Regue com 1-2 colheres (sopa) da calda que se formou e reserve o resto.
6. Abra a massa em uma superfície enfarinhada e cubra com ela as maçãs na assadeira, não deixando falhas nem espaços vazios nas bordas. Asse por 25-30 minutos, ou até a massa dourar.
7. Deixe esfriar pelo menos por 10-15 minutos. Desenforme e deixe esfriar completamente. Depois, corte em quadrados ou retângulos e regue com o restante da calda.

BARRINHAS DE COCO COM AVELÃS

O coco e as avelãs compõem uma deliciosa base para esta barrinha, que recebe cobertura de geleia de morango e nozes.

18 UNIDADES

85 g de manteiga resfriada e cortada em cubinhos, mais um pouco para untar
½ xícara (chá) de coco ralado
2 copos de água fervente
1 ½ xícara (chá) de farinha de trigo
3 colheres (sopa) de açúcar mascavo
⅔ de xícara (chá) de avelãs moídas
1 gema de ovo misturada com 2 colheres (sopa) de água
1 xícara (chá) de geleia de morango sem açúcar
2 ovos
¼ de xícara (chá) de açúcar

COBERTURA

200 g de manteiga
2 xícaras (chá) de açúcar de confeiteiro
200 g de chocolate amargo derretido
½ xícara (chá) de nozes picadas para decorar

1. Preaqueça o forno a 180°C. Unte uma assadeira de 23 cm x 18 cm e forre com papel-manteiga.
2. Coloque o coco ralado em uma tigela pequena e cubra com a água fervente. Deixe de molho por 10 minutos.
3. Numa tigela grande, coloque a farinha e vá misturando com a manteiga em cubinhos com a ponta dos dedos, até que ganhe textura de migalhas de pão. Junte o açúcar mascavo, as avelãs moídas e a mistura de gema de ovo. Manipule até obter uma massa homogênea. Forre com essa massa o fundo da assadeira.
4. Numa tigela, misture a geleia, os ovos e o açúcar. Escorra o coco e junte a estes ingredientes. Mexa bem e espalhe por cima da massa.
5. Asse por 30 minutos ou até a base ficar pronta. Deixe esfriar.
6. Para fazer a cobertura, bata a manteiga e o açúcar de confeiteiro na batedeira, até obter um creme. Aos poucos, adicione o chocolate derretido, batendo sempre, até conseguir uma mistura lisa.
7. Desenforme a massa da barrinha e coloque a cobertura, espalhando bem. Acrescente as nozes picadas em cima, corte as barrinhas e sirva.

BARRINHAS DE COOKIES

Estas barrinhas são indicadas para os amantes de doces. Coloque-as em uma caixa bonita, embaladas uma a uma, e dê como presente.

20 UNIDADES

- 200 g de manteiga, mais um pouco para untar
- 400 g de biscoito recheado de chocolate
- 175 g de chocolate branco em pedaços
- 1 ¾ xícara (chá) de leite condensado
- ½ xícara (chá) de uvas-passas brancas

1. Preaqueça o forno a 180°C. Unte uma fôrma de 33 cm x 23 cm e forre o fundo com papel-manteiga.
2. Numa panela pequena e de fundo grosso, em fogo baixo, derreta metade da manteiga. Coloque metade dos biscoitos em um processador e bata até que fiquem com textura de farinha de rosca.
3. Coloque os biscoitos processados em uma tigela e despeje a manteiga derretida em cima. Misture bem e coloque a mistura na assadeira, pressionando com os dedos contra o fundo.
4. Asse por 12 minutos e deixe esfriar.
5. Numa panela pequena e de fundo grosso, em fogo baixo, derreta o chocolate branco com o restante da manteiga e o leite condensado. Cozinhe por cerca de 2 minutos e deixe esfriar.
6. Quebre os biscoitos restantes em pedaços grandes e coloque na mistura de chocolate branco, junto com as passas. Derrame sobre a base assada e nivele a superfície. Deixe na geladeira de um dia para o outro. Sirva frio, cortado em barrinhas estreitas. Ou presenteie.

BARRINHAS DE MACADÂMIAS

Esta receita se inspira na tradicional receita de torta de pecãs. Pode ser servida ainda quente, com sorvete de creme, ou fria como lanche da tarde.

12-16 UNIDADES

BASE

100 g de manteiga, mais um pouco para untar
1 ⅔ xícara (chá) de farinha de trigo, mais um pouco para polvilhar
¼ de xícara (chá) de açúcar
1 colher (sopa) de glicose de milho
3-4 colheres (sopa) de água fria

COBERTURA

1 xícara (chá) de macadâmias
3 ovos
¼ de xícara (chá) de açúcar
3 ½ colheres (sopa) de manteiga derretida
2 colheres (sopa) de glicose de milho
¾ de xícara (chá) de mel
1 colher (chá) de essência de baunilha
uma pitada de sal

1. Preaqueça o forno a 180°C. Unte uma fôrma de 33 cm x 23 cm e forre o fundo com papel-manteiga.
2. Para fazer a base, coloque em uma tigela a manteiga cortada em cubinhos e a farinha. Misture com as pontas dos dedos até adquirir textura de migalhas de pão. Junte o açúcar e a glicose. Misture e vá colocando água aos poucos, somente até a massa ficar macia. Faça uma bola, cubra com filme de PVC e deixe na geladeira por 20 minutos.
3. Coloque as macadâmias em um processador e pique em pedaços médios.
4. Abra a massa em uma superfície enfarinhada e forre com ela o fundo da fôrma, sem deixar falhas.
5. Para a cobertura, bata os ovos com o açúcar e a manteiga. Junte a glicose, o mel, a essência de baunilha e o sal. Coloque as macadâmias, misture e despeje por cima da massa.
6. Asse por 25-30 minutos, ou até que doure e fique crocante. Deixe esfriar na assadeira, corte em barrinhas e desenforme. Sirva mornas ou frias.

CRESPINHOS DE CHOCOLATE BRANCO

Esta é uma boa receita para se ter à mão, pois pode ser feita em poucos minutos. Se estiver fazendo para crianças e desejar, é possível substituir o pinhole.

8-10 UNIDADES

60 g de manteiga
225 g de chocolate branco em pedaços
1 ½ xícara (chá) de leite condensado
4 xícaras (chá) de flocos de arroz
⅓ de xícara (chá) de pinholes

1. Forre uma travessa ou fôrma de 23 cm x 18 cm com papel-manteiga.
2. Numa panela pequena e de fundo grosso, em fogo baixo, derreta a manteiga com o chocolate até obter uma mistura lisa. Deixe esfriar por 10 minutos.
3. Numa tigela grande, misture o chocolate com o leite condensado. Junte os flocos de arroz e os pinholes. Coloque na assadeira, nivele com uma colher e deixe esfriar até que endureça. Não coloque na geladeira, pois os flocos de arroz murcham.
4. Desenforme, corte em quadrados e sirva.

BARRINHAS MOSAICO

Estas barrinhas misturam chocolate branco e ao leite, ficando deliciosas e bonitas. Se preferir, use canela e pimenta-da-jamaica em vez de gengibre, ou não inclua nenhuma especiaria.

36 UNIDADES

- 60 g de manteiga cortada em cubos, mais um pouco para untar
- 1 ½ xícara (chá) de farinha de trigo, mais um pouco para polvilhar
- 1 colher (chá) de gengibre em pó
- ⅓ de xícara (chá) de açúcar mascavo
- 3 colheres (sopa) de glicose de milho
- 1 gema de ovo
- 140 g de chocolate ao leite em pedaços
- 140 g de chocolate branco em pedaços

DICA
Se desejar, use chocolate com nozes ou confeitos para diversificar o sabor e o visual da receita.

1. Preaqueça o forno a 180°C e unte uma assadeira quadrada de 23 cm.
2. Coloque a manteiga, a farinha e o gengibre em um processador e bata até que a mistura fique com textura de migalhas de pão. Junte o açúcar, a glicose e a gema e bata mais.
3. Coloque a massa em uma superfície enfarinhada e abra até que fique do tamanho da assadeira. Forre com ela o fundo da assadeira e deixe descansar na geladeira pelo menos por 30 minutos.
4. Coloque os chocolates picados por cima da massa, afundando-os um pouquinho.
5. Asse por 8-10 minutos e deixe esfriar, mas não por completo, para poder cortar em pequenas barrinhas. Se desejar guardar, use um recipiente bem fechado.

BARRINHAS MATINAIS

Esta receita é ótima para o café da manhã. Se quiser, guarde as barrinhas em um recipiente bem fechado e se delicie a cada começo de dia.

16 BARRINHAS

100 g de manteiga, mais um pouco para untar
2 colheres (sopa) de açúcar mascavo
2 colheres (sopa) de glicose de milho
⅔ de xícara (chá) de flocos de milho
⅓ de xícara (chá) de quinua
½ xícara (chá) de cerejas picadas
½ xícara (chá) de uvas-passas brancas
3 colheres (sopa) de sementes de girassol
2 colheres (sopa) de sementes de gergelim
2 colheres (sopa) de sementes de linhaça
½ xícara (chá) de coco ralado
2 ovos levemente batidos

1. Preaqueça o forno a 180°C. Unte uma fôrma rasa de 33 cm x 23 cm e forre com papel-manteiga.
2. Numa tigela, bata a manteiga, o açúcar e a glicose, até obter um creme. Adicione todos os outros ingredientes e misture bem.
3. Coloque a massa na assadeira e nivele com as costas de uma colher. Leve ao forno por 35 minutos, ou até que doure. Deixe esfriar.
4. Desenforme, coloque em uma tábua, corte as barrinhas e sirva.

DICA
Essa versão de barrinha de cereal é bem mais saudável que as compradas prontas. Além de boa para o café da manhã, é um ótimo lanche da tarde.

BARRINHAS DE DAMASCOS E CHOCOLATE

12-16 UNIDADES

- 200 g de manteiga, mais um pouco para untar
- 3 colheres (sopa) de geleia de damasco
- 1 xícara (chá) de damascos secos picados
- 2 colheres (sopa) de água
- 3 xícaras (chá) de flocos de aveia
- ½ xícara (chá) de açúcar mascavo
- 1 ⅓ xícara (chá) de farinha de trigo integral
- 2 colheres (chá) de fermento em pó
- 3 colheres (sopa) de mel
- 290 g de chocolate amargo ou ao leite em pedaços

1. Preaqueça o forno a 180°C. Unte uma fôrma de 33 cm x 23 cm e forre com papel-manteiga.
2. Numa panela pequena e de fundo grosso, em fogo baixo, cozinhe por 3-4 minutos a geleia de damasco junto com os damascos picados e a água. Deixe esfriar.
3. Numa tigela grande, misture a aveia, o açúcar, a farinha e o fermento.
4. Numa panela grande e de fundo grosso, em fogo baixo, derreta a manteiga e o mel e acrescente a mistura de aveia. Mexa bem e coloque metade na fôrma, pressionando bem contra o fundo.
5. Espalhe por cima a geleia de damasco e cubra com a outra parte da massa. Pressione e leve para assar por 25-30 minutos, ou até ficar dourado e firme.
6. Deixe esfriar pelo menos por 10 minutos. Corte em barrinhas e desenforme. Espere esfriar por completo.
7. Derreta o chocolate em banho-maria. Mergulhe as duas pontas de cada barrinha, retire e deixe esfriar, para que o chocolate endureça.

BARRINHAS DE AMENDOIM E DOCE DE LEITE

16-20 UNIDADES

BASE

250 g de manteiga, mais um pouco para untar
2 colheres (sopa) de creme de amendoim
¾ de xícara (chá) de açúcar de confeiteiro
½ colher (chá) de sal
2 ½ xícaras (chá) de farinha de trigo
raspas de ½ limão

COBERTURA

340 g de doce de leite
⅔ de xícara (chá) de amendoins
150 g de chocolate branco
150 g de chocolate ao leite

1. Preaqueça o forno a 180°C. Unte uma assadeira quadrada de 23 cm e forre com papel-manteiga.
2. Numa tigela grande, bata a manteiga, o creme de amendoim, o açúcar e o sal até obter um creme claro. Misture a farinha e as raspas de limão, formando uma massa.
3. Coloque a mistura na assadeira e pressione com os dedos. Fure a superfície com um garfo, em diversos pontos, e leve para assar por 30-35 minutos, ou até dourar. Deixe esfriar.
4. Quando a base estiver fria, coloque o doce de leite, espalhando bem. Jogue os amendoins por cima e reserve.
5. Em banho-maria, derreta os chocolates, branco e ao leite, separadamente.
6. Coloque o chocolate ao leite derretido em cima dos amendoins, formando uma camada fina. Com o branco, use uma colher para escorrer fios de chocolate por cima. Se preferir, use a colher e misture delicadamente as duas camadas de chocolate, para um efeito marmorizado. Deixe esfriar para que o chocolate endureça e corte em barrinhas.

DICA

Experimente substituir os amendoins por castanha-do--pará, castanha de caju e outras. Se quiser, troque também o chocolate da cobertura. Use a imaginação.

TORTA DE LIMÃO-SICILIANO

DICA
Se quiser, substitua o suco e as raspas de limão-siciliano por limão comum. Use raspas de dois limões e 6 colheres (sopa) de suco.

Esta torta de limão une a acidez da fruta cítrica com a doçura na medida certa e pode se tornar uma das receitas favoritas em sua casa.

36 PEDAÇOS

250 g de manteiga, mais um pouco para untar
⅔ de xícara (chá) de açúcar de confeiteiro
1 colher (chá) de essência de baunilha
2 xícaras (chá) de farinha de trigo
4 ovos
1 xícara (chá) de açúcar cristal
raspas de 1 limão-siciliano
⅓ de xícara (chá) de suco de limão-siciliano

1. Preaqueça o forno a 180°C. Unte uma assadeira de 33 cm x 23 cm e forre com papel-manteiga.
2. Numa tigela grande, bata a manteiga, ⅓ do açúcar de confeiteiro e a essência de baunilha, até obter um creme claro. Peneire por cima a farinha, pouco a pouco, e vá incorporando.
3. Coloque a mistura na assadeira e pressione bem, nivelando com as costas de uma colher. Leve para assar por 20 minutos.
4. Enquanto isso, coloque os ovos, o açúcar, as raspas e o suco de limão em uma tigela. Misture bem e espalhe por cima da base. Asse por mais 18-22 minutos, ou até dourar.
5. Polvilhe a torta com o açúcar de confeiteiro restante. Corte em quadrados, desenforme e deixe esfriar.

BARRINHAS DE AVEIA

O mel adoça saudavelmente estas barrinhas, perfeitas para um lanchinho rápido.

12 UNIDADES

175 g de manteiga, mais um pouco para untar
½ xícara (chá) de mel
⅔ de xícara (chá) de açúcar mascavo
3 ⅔ xícaras (chá) de aveia em flocos

1. Preaqueça o forno a 180°C. Unte uma assadeira de 22 cm x 16 cm e forre com papel-manteiga.
2. Numa panela média e de fundo grosso, em fogo médio, derreta a manteiga com o mel e o açúcar. Cozinhe até dissolver o açúcar. Retire do fogo e acrescente a aveia.
3. Coloque a mistura na assadeira e leve ao forno por 25 minutos.
4. Deixe esfriar por alguns minutos. Desenforme e corte em barrinhas.

BARRINHAS MISTAS

12 UNIDADES

9 colheres (sopa) de manteiga, mais um pouco para untar
⅓ de copo de açúcar
1 copo de farinha de trigo
⅓ de copo de farinha de arroz
uma pitada de sal
200 g de chocolate amargo quebrado em pedaços

CARAMELO

3 ½ colheres (sopa) de manteiga
¼ de xícara (chá) de açúcar mascavo
¼ de copo de leite condensado
½ copo de pinholes ou castanhas-do-pará

1. Numa tigela, bata a manteiga e o açúcar até obter um creme. Junte as farinhas, o sal e misture bem, formando uma massa. Faça uma bola, cubra com filme de PVC e deixe na geladeira por 30 minutos.
2. Preaqueça o forno a 190°C. Unte uma assadeira quadrada de 20 cm e forre com papel-manteiga.
3. Coloque a massa na assadeira, espalhando bem e cobrindo toda a superfície. Asse por 20-25 minutos, ou até dourar. Deixe esfriar.
4. Faça o caramelo. Numa panela pequena e de fundo grosso, em fogo baixo, junte a manteiga, o açúcar e o leite condensado. Mexa até dissolver o açúcar. Aumente o fogo e espere ferver, mexendo sempre, até que a mistura engrosse.
5. Retire a panela do fogo, acrescente os pinholes e espalhe a mistura sobre a massa. Deixe na geladeira por 2 horas.
6. Derreta o chocolate em banho-maria e espalhe por cima do caramelo com uma espátula. Desenforme, espere o chocolate endurecer e corte em barrinhas.

BOLOS

BOLO DE BANANA COM CARAMELO

Este bolo de banana fica bem úmido e ganha a combinação perfeita com cobertura de caramelo, pedaços de banana e chantilly. E qual seria a melhor forma de finalizar, se não com raspas de chocolate?

12-16 PEDAÇOS

BOLO

170 g de manteiga, mais um pouco para untar
¾ de xícara (chá) de açúcar mascavo
3 ovos batidos
1 ½ xícara (chá) de farinha de trigo com fermento
¼ de colher (chá) de canela em pó
1 colher (chá) de fermento em pó
2 bananas amassadas
1-2 colheres (sopa) de leite

COBERTURA

1 ⅓ xícara (chá) de leite condensado
5 colheres (sopa) de manteiga
⅓ de xícara (chá) de açúcar
3 bananas em fatias
1 xícara (chá) de creme de leite
⅓ de xícara (chá) de chocolate ao leite ralado (opcional)

1. Preaqueça o forno a 180°C. Unte uma fôrma de 33 cm x 23 cm e forre com papel-manteiga.
2. Numa tigela grande, bata a manteiga e o açúcar. Junte os ovos, a farinha, a canela, o fermento e misture bem. Incorpore as bananas amassadas e o leite.
3. Coloque a massa na fôrma, usando uma espátula para nivelar. Asse por 30 minutos, ou até o bolo crescer e dourar bem por cima. Deixe esfriar por 10 minutos, desenforme e espere esfriar por completo.
4. Para a cobertura, coloque o leite condensado em uma panela com a manteiga e o açúcar. Mexa até o açúcar se dissolver e a mistura ficar grossa e em tom de caramelo. Deixe esfriar.
5. Espalhe o caramelo por cima do bolo e depois coloque as bananas fatiadas por cima.
6. Bata o creme de leite na batedeira até ficar em ponto de chantilly. Coloque por cima das bananas e polvilhe com o chocolate ralado.

BOLO DE GENGIBRE

16 PEDAÇOS

BOLO

200 g de manteiga, mais um pouco para untar

⅓ de xícara (chá) de glicose de milho

½ xícara (chá) de melado

1 ¼ xícara (chá) de leite

¾ de xícara (chá) de açúcar mascavo

2 ¾ xícaras (chá) de farinha de trigo com fermento

3 colheres (chá) de gengibre em pó

2 colheres (chá) de pimenta-da--jamaica

1 colher (chá) de canela em pó

uma pitada de sal

2 ovos batidos

1 colher (chá) de bicarbonato de sódio dissolvido em 1 colher (sopa) de leite morno

COBERTURA

1 ⅔ xícara (chá) de açúcar de confeiteiro peneirado

2 pedaços de gengibre em conserva picados, mais ¼ de xícara (chá) da calda da conserva

1 colher (sopa) de água (opcional)

1. Preaqueça o forno a 160°C. Unte uma assadeira de 33 cm x 23 cm e forre com papel-manteiga.

2. Leve ao fogo baixo, em uma panela grande e de fundo grosso, a manteiga com a glicose, o melado, o leite e o açúcar. Cozinhe até o açúcar se dissolver.

3. Numa tigela grande, misture a farinha, as especiarias e o sal e depois adicione a mistura de leite. Misture bem, acrescente os ovos e o bicarbonato de sódio e mexa até obter uma massa homogênea.

4. Coloque a massa na assadeira e leve ao forno por 40-45 minutos. Para ver se está pronta, espete um palito. Se sair limpo, pode retirar do forno. Espere esfriar um pouco e desenforme.

5. Para a cobertura, misture o açúcar com o líquido da conserva, adicionando água, se necessário. Mexa bem e espalhe sobre o bolo.

6. Deixe esfriar por completo. Antes de servir, coloque o gengibre picado por cima.

BOLO DE BAUNILHA, MEL E PERA

16 PEDAÇOS

BOLO

170 g de manteiga, mais um pouco para untar
⅔ de xícara (chá) de açúcar
sementes de 1 fava de baunilha
3 ovos
1 ⅔ xícara (chá) de avelãs moídas
1 ⅔ xícara (chá) de semolina
2 colheres (sopa) de fermento em pó
3 colheres (sopa) de mel
1 colher (chá) de essência de baunilha
415 g de peras em conserva

CALDA

2 colheres (sopa) de mel
sementes de ½ fava de baunilha
3 colheres (sopa) da calda da conserva das peras
creme de leite batido para servir

1. Preaqueça o forno a 180°C. Unte uma assadeira de 33 cm x 23 cm e forre com papel-manteiga.
2. Para o bolo, numa tigela grande, bata a manteiga, o açúcar e as sementes de baunilha até obter um creme claro. Junte os ovos, um de cada vez, batendo bem.
3. Incorpore as avelãs moídas, a semolina e o fermento, seguidos do mel e da essência de baunilha.
4. Coloque a massa na assadeira, fatie as peras e disponha sobre ela. Asse por 30-35 minutos, ou até que cresça e doure. Para ver se está pronto, espete um palito. Se sair limpo, pode retirar do forno.
5. Para a calda, coloque em uma panela pequena de fundo grosso, em fogo baixo, o mel, as sementes de baunilha e a calda da conserva das peras. Deixe reduzir por 2 minutos, apague o fogo e espere que esfrie completamente.
6. Retire o bolo do forno, derrame a calda por cima e deixe esfriar.
7. Quando o bolo estiver frio e toda a calda tiver sido absorvida, desenforme, corte em quadrados e sirva com uma colher de creme de leite batido.

BOLO DE AMORAS COM AMÊNDOAS

24 PEDAÇOS

BOLO

manteiga para untar
2 ½ xícaras (chá) de amoras
1 ⅓ xícara (chá) de amêndoas moídas
sementes de 1 fava de baunilha
1 xícara (chá) de farinha de arroz peneirada
1 ½ colher (chá) de fermento em pó
1 xícara (chá) de açúcar
6 ovos
⅓ de xícara (chá) de amêndoas inteiras, levemente torradas para decorar

GLACÊ

1 ½ xícara (chá) de açúcar de confeiteiro
raspas da casca e suco de ½ laranja

1. Preaqueça o forno a 180°C. Unte uma assadeira de 33 cm x 23 cm e forre com papel-manteiga.
2. Coloque as amoras no liquidificador ou no processador e bata até obter um purê.
3. Numa tigela, misture as amêndoas moídas, as sementes de baunilha, a farinha de arroz e o fermento.
4. Numa outra tigela, bata os ovos com o açúcar por 5-6 minutos, até obter um creme claro e grosso. Incorpore a mistura de amêndoas delicadamente. Em seguida, faça o mesmo com o purê de amoras.
5. Leve a massa ao forno e asse por 40 minutos, ou até crescer e dourar. Para ver se está pronta, espete um palito. Se sair limpo, pode retirar do forno. Se começar a dourar antes do tempo, proteja com uma folha de papel-alumínio ou papel-manteiga.
6. Deixe esfriar por cerca de 10 minutos, desenforme e espere esfriar por completo.
7. Misture os ingredientes do glacê, até obter uma mistura homogênea. Com a ajuda de uma colher, despeje fazendo riscos por cima do bolo. Finalize com as amêndoas inteiras por cima e sirva.

BOLO DE LIMÃO COM MARACUJÁ

O sabor ácido do limão harmoniza com a cobertura de creme de maracujá. Se preferir, abra um maracujá doce e coloque as sementes por cima do bolo antes de servir.

16-18 PEDAÇOS

BOLO

250 g de manteiga, mais um pouco para untar
raspas e suco de 2 limões-sicilianos
1 ⅓ xícara (chá) de amêndoas moídas
¾ de xícara (chá) de fubá
1 ⅓ xícara (chá) de coco ralado
1 colher (chá) de fermento em pó
1 xícara (chá) de açúcar
3 ovos batidos

COBERTURA

5 colheres (sopa) de manteiga amolecida
2 xícaras (chá) de açúcar de confeiteiro
4 maracujás

1. Preaqueça o forno a 180°C. Unte uma fôrma de 33 cm x 23 cm e forre com papel-manteiga.
2. Numa panela grande e de fundo grosso, em fogo baixo, derreta a manteiga, junte o suco e as raspas de limão. Mexa bem e reserve.
3. Numa tigela grande misture as amêndoas moídas, o fubá, o coco, o fermento e o açúcar.
4. Bata a manteiga com os ovos e junte aos ingredientes secos. Coloque a massa na fôrma e leve ao forno por 50 minutos. Para ver se está pronto, espete um palito. Se sair limpo, pode retirar do forno.
5. Deixe esfriar. Desenforme.
6. Numa tigela, bata os ingredientes da cobertura. Espalhe por cima do bolo, corte em quadrados e sirva.

BOLO DE FRUTAS SECAS

Esta receita é um meio-termo entre pão de frutas e bolo. Sirva quente ou frio, com manteiga por cima. Mantenha embrulhado em papel-alumínio para durar mais tempo.

18 PEDAÇOS

- ⅓ de xícara (chá) de pera seca picada
- ⅓ de xícara (chá) de maçã seca picada
- ¼ de xícara (chá) de figos secos picados
- ¼ de xícara (chá) de ameixas secas picadas
- ¼ de xícara (chá) de laranja cristalizada
- ¾ de xícara (chá) de uvas-passas brancas
- ½ xícara (chá) de morangos secos
- ½ xícara (chá) de cerejas ao marasquino picadas
- raspas de 1 laranja
- 1 ¼ xícara (chá) de chá-verde bem forte
- manteiga para untar e para servir
- 1 ovo batido
- 3 ½ xícaras (chá) de farinha de trigo com fermento
- ⅔ de xícara (chá) de nozes picadas
- 1 xícara (chá) de açúcar demerara

1. Numa tigela grande, junte a pera, a maçã, os figos, as ameixas, as raspas cristalizadas, as uvas-passas, os morangos, as cerejas, as raspas de laranja e o chá. Tampe e deixe descansar da noite para o dia.
2. Preaqueça o forno a 180°C. Unte uma fôrma quadrada de 23 cm com pelo menos 3 cm de profundidade e forre com papel-manteiga.
3. Adicione o ovo, a farinha, as nozes e o açúcar à mistura de frutas.
4. Coloque a massa na fôrma e leve ao forno por 1 hora. Para ver se o bolo está pronto, espete um palito. Se sair limpo, pode retirar do forno.
5. Deixe esfriar um pouco. Desenforme, corte em fatias e sirva ainda morno, com manteiga.

BOLO DE PERA

Este bolo é bem úmido e fofinho, mas com uma cobertura crocante. Pode ser guardado por alguns dias em recipiente fechado.

12-16 PEDAÇOS

225 g de manteiga, mais um pouco para untar
1 xícara (chá) de açúcar mascavo
3 ovos
2 xícaras (chá) de farinha de trigo
2 colheres (sopa) de fermento em pó
1 colher (chá) de pimenta-da-jamaica
¼ de colher (chá) de sal
1 xícara (chá) de avelãs moídas
½ xícara (chá) de aveia
1 xícara (chá) de sidra de pera ou maçã
2 peras sem casca e picadas
3 colheres (sopa) de açúcar demerara

1. Preaqueça o forno a 180°C. Unte uma assadeira de 33 cm x 23 cm e forre com papel-manteiga.
2. Em uma tigela grande bata a manteiga e o açúcar até obter um creme claro. Junte os ovos, um de cada vez, batendo bem.
3. Incorpore a farinha, o fermento, a pimenta-da-jamaica e o sal, seguidos das avelãs, da aveia e da sidra. Junte as peras picadas, mexa e coloque na assadeira, nivelando com uma espátula.
4. Polvilhe com o açúcar demerara e leve ao forno por 40 minutos. Para ver se está pronto, espete um palito. Se sair limpo, pode retirar do forno.
5. Deixe esfriar um pouco. Desenforme, corte em quadrados e sirva.

DICA

Em lojas especializadas é possível encontrar sidra de pera. Dê preferência a ela. Se não encontrar, substitua por vinho branco seco.

BOLO DE PAPAIA, PÊSSEGO E MARZIPÃ

O marzipã derretido faz com que este bolo fique bastante úmido. É delicioso fresquinho no dia em que foi feito e ainda pode ser guardado por dois ou três dias.

16 PEDAÇOS

200 g de manteiga, mais um pouco para untar
½ xícara (chá) de amêndoas moídas
1 xícara (chá) de açúcar
2 xícaras (chá) de farinha de trigo com fermento
3 ovos
4 pêssegos em conserva escorridos e batidos no processador
1 colher (chá) de essência de baunilha
150 g de marzipã gelado
½ xícara (chá) de mamão papaia seco picado
2-3 colheres (sopa) de açúcar de confeiteiro para polvilhar

PARA SERVIR

1 mamão papaia em fatias
1 pêssego em fatias

1. Preaqueça o forno a 180°C. Unte uma fôrma de 33 cm x 23 cm e forre com papel-manteiga.
2. Numa tigela grande, bata a manteiga com as amêndoas, o açúcar, a farinha, os ovos, o purê de pêssego e a essência de baunilha.
3. Rale o marzipã e misture com o papaia picado. Junte à mistura na tigela e mexa bem.
4. Coloque a massa na assadeira e leve ao forno por 35-40 minutos, ou até dourar e ficar firme.
5. Deixe esfriar. Desenforme e polvilhe com o açúcar de confeiteiro. Corte em fatias e sirva com fatias de papaia e pêssego por cima.

BOLO TOFFEE COM CALDA BUTTERSCOTCH

Uma ótima receita para os fãs de doces. Sirva quente ou frio, como sobremesa, junto com sorvete de creme e calda ou acompanhando um café ou um chá.

15 PEDAÇOS

100 g de manteiga, mais um pouco para untar
1 ⅓ xícara (chá) de tâmaras picadas
1 colher (chá) de bicarbonato de sódio
⅔ de xícara (chá) de água fervente
1 colher (sopa) de melado
¾ de xícara (chá) de açúcar mascavo
3 ovos
1 ⅔ xícara (chá) de farinha de trigo integral
2 colheres (sopa) de fermento em pó
1 colher (chá) de gengibre em pó
uma pitada de sal
1 colher (sopa) de açúcar cristal

CALDA BUTTERSCOTCH

⅓ de xícara (chá) de açúcar mascavo
75 g de manteiga
⅓ de xícara (chá) de creme de leite fresco
2 colheres (sopa) de glicose de milho
sorvete de creme para servir (opcional)

1. Preaqueça o forno a 180°C. Unte uma assadeira de 33 cm x 23 cm e forre com papel-manteiga.
2. Numa tigela, misture as tâmaras, o bicarbonato de sódio, a água fervente e o melado. Mexa bem até obter uma mistura homogênea.
3. Numa tigela grande, bata a manteiga e o açúcar até obter um creme claro. Junte os ovos, um de cada vez, batendo bem. Depois, incorpore a farinha, o fermento, o gengibre e o sal.
4. Junte a mistura de tâmaras e coloque a massa na assadeira. Polvilhe com o açúcar cristal.
5. Leve ao forno por 30-35 minutos. Para ver se está pronto, espete um palito. Se sair limpo, pode retirar do forno.
6. Deixe esfriar. Desenforme e corte em quadrados. Sirva com a calda butterscotch e uma bola de sorvete de creme, se desejar.

BOLO DE TÂMARAS COM MAÇÃ

Acredite se quiser, mas as tâmaras são as únicas responsáveis por adoçar este bolo, que não leva açúcar. Por isso, é uma boa opção também para diabéticos.

8 PEDAÇOS

18 tâmaras sem caroço
½ xícara (chá) de chá-preto fraco
3 xícaras (chá) de granola
125 g de manteiga, mais um pouco para untar
1 maçã ralada

1. Numa tigela, coloque as tâmaras e o chá. Deixe de molho por 30 minutos.
2. Preaqueça o forno a 180°C. Unte uma assadeira de 33 cm x 23 cm e forre com papel-manteiga.
3. Em outra tigela, misture a granola e a manteiga. Junte a maçã ralada e misture.
4. Quando as tâmaras amolecerem, bata em um processador até virar um purê. Junte à mistura de granola.
5. Coloque a mistura na assadeira e leve ao forno por 40 minutos. O bolo deve assar, mas continuar úmido.
6. Deixe esfriar por alguns minutos e corte em 8 pedaços. Espere esfriar por completo e desenforme. Se for guardar, faça-o em recipiente fechado. Pode congelar por até 1 mês.

BOLO DE FRUTAS E CASTANHAS

16 PEDAÇOS

BOLO

1 xícara (chá) de cerveja escura
raspas de 1 laranja
2 colheres (sopa) de melado
225 g de manteiga, mais um pouco para untar
¾ de xícara (chá) de açúcar mascavo
2 ¾ xícaras (chá) de uvas-passas escuras e brancas
¼ de xícara (chá) de cerejas ao marasquino picadas
⅓ de xícara (chá) de raspas de limão e laranja cristalizadas
½ xícara (chá) de castanha-do-pará picada
3 ovos
½ colher (chá) de essência de amêndoas
1 ⅔ xícara (chá) de farinha de trigo com fermento
1 colher (chá) de pimenta-da-jamaica
3-4 colheres (sopa) de geleia de damasco aquecida
nozes e castanhas diversas picadas para cobrir o bolo

1. Numa panela grande e de fundo grosso, em fogo baixo, coloque a cerveja com as raspas de laranja, o melado, a manteiga, o açúcar e as frutas. Espere ferver, deixe reduzir por 3-4 minutos e desligue o fogo. Deixe descansar do dia para a noite.

2. Preaqueça o forno a 160°C. Unte uma fôrma quadrada de 23 cm e forre com uma camada dupla de papel-manteiga.

3. Junte as castanhas-do-pará, os ovos e a essência de amêndoas à mistura de frutas. Acrescente a farinha e a pimenta-da-jamaica e misture bem.

4. Coloque na fôrma, fazendo uma ligeira depressão no centro da massa. Leve ao forno por 1 hora e meia, até que fique firme.

5. Deixe esfriar antes de desenformar. Passe a geleia por cima. Cubra com nozes e castanhas, espere a geleia esfriar e sirva.

DICA

Frutas inteiras cristalizadas, como figos e mexericas, podem ser usadas para decorar o bolo. Bem acondicionado, este bolo conserva-se por semanas.

BAKLAVA DE PISTACHE

Feito com massa folhada, este bolo mais se assemelha a um doce. Tem recheio de pistaches, amêndoas e leva calda de mel e raspas de limão.

30 PEDAÇOS

125 g de manteiga derretida, mais um pouco para untar
1 ½ xícara (chá) de pistaches
1 xícara (chá) de amêndoas escaldadas
1 colher (chá) de canela em pó
½ colher (chá) de pimenta-da--jamaica
2 colheres (sopa) de açúcar
12 folhas de massa folhada

CALDA

1 xícara (chá) de mel
raspas de 2 limões
⅔ de xícara (chá) de água

1. Preaqueça o forno a 180°C. Unte uma assadeira de 30 cm x 20 cm e forre com papel-manteiga.
2. Coloque os pistaches, as amêndoas e as especiarias em um processador até que fiquem pedaços pequenos, mas não moídos. Junte o açúcar.
3. Corte cada folha da massa na metade, para que fiquem do mesmo tamanho da fôrma. Passe manteiga derretida na superfície de cada camada e vá colocando uma sobre a outra na fôrma, até a metade da quantidade.
4. Coloque a mistura de pistaches e amêndoas e cubra com o restante da massa, pincelando as camadas com manteiga assim como foi feito na base.
5. Use uma faca afiada para cortar pedaços em formato de losango. Regue com a manteiga restante e asse por 20 minutos.
6. Reduza a temperatura para 160°C e asse por mais 25 minutos, ou até a massa ficar dourada e crocante.
7. Para a calda, misture todos os ingredientes em uma panela pequena e leve ao fogo médio. Após levantar fervura, cozinhe por 5 minutos. Coloque a calda quente por cima do baklava e deixe esfriar.

BOLO DE NOZES-PECÃS

Este bolo leve, com cobertura feita de glicose de milho, pode ser servido em qualquer ocasião.

16 PEDAÇOS

170 g de manteiga, mais um pouco para untar
1 ¼ xícara (chá) de pecãs
1 ½ xícara (chá) de farinha de trigo com fermento
1 ½ colher (chá) de fermento em pó
¼ de colher (chá) de noz-moscada
¾ de xícara (chá) de açúcar
3 ovos
1 colher (chá) de essência de baunilha
3 colheres (sopa) de leite

GLACÊ

1 clara
¾ de xícara (chá) de açúcar
2 colheres (sopa) de água
uma pitada de sal
¼ de colher (chá) de cremor de tártaro
2 colheres (sopa) de glicose de milho
1 ¼ xícara (chá) de nozes-pecãs cortadas ao meio para decorar

1. Preaqueça o forno a 180°C. Unte uma assadeira de 33 cm x 23 cm e forre com papel-manteiga.
2. Numa frigideira, torre as nozes-pecãs. Espere esfriar e pique bem.
3. Numa tigela grande, misture as nozes-pecãs com a farinha, o fermento, a noz-moscada e o açúcar. Junte a manteiga, os ovos, a essência de baunilha e o leite. Misture bem por 2-3 minutos.
4. Coloque a massa na assadeira e leve ao forno por 40-45 minutos. Para ver se está pronta, espete um palito. Se sair limpo, pode retirar do forno. Deixe esfriar um pouco, desenforme e espere esfriar por completo.
5. Para o glacê, coloque em banho-maria a clara, o açúcar, a água, o sal, o cremor de tártaro e a glicose, mexendo bem até que o açúcar se dissolva. Bata na batedeira por 8-10 minutos, até a mistura formar picos.
6. Cubra o bolo, decore com as nozes-pecãs e sirva.

BOLO DE AMÊNDOAS E GELEIA

Esta receita pode ganhar novas versões. Basta mudar o sabor da geleia e substituir as amêndoas por outra castanha ou noz picada.

20 PEDAÇOS

- 225 g de manteiga, mais um pouco para untar
- 225 g de massa pronta para torta
- ½ xícara (chá) de geleia de framboesa
- 1 xícara (chá) de açúcar
- 4 ovos
- 1 ½ xícara (chá) de amêndoas moídas
- ½ xícara (chá) de farinha de trigo, mais um pouco para polvilhar
- 1 xícara (chá) de amêndoas em lâminas para decorar

1. Preaqueça o forno a 180°C. Unte uma fôrma de 33 cm x 23 cm.
2. Coloque a massa pronta para torta na fôrma, cobrindo bem o fundo. Passe uma camada de geleia por cima e reserve.
3. Em uma tigela grande, bata a manteiga e o açúcar até obter um creme claro. Acrescente os ovos, um de cada vez, batendo bem e juntando também uma colher de amêndoas moídas a cada adição. Acrescente as amêndoas restantes, a farinha, mexa bem e coloque essa massa por cima da camada de geleia, nivelando com uma espátula.
4. Espalhe por cima as lâminas de amêndoas e asse por 35 minutos, ou até que fique firme e doure.
5. Deixe esfriar, corte em quadrados e sirva.

BOLO INTEGRAL COM ABOBRINHA

Além de saborosa, esta receita é uma opção bem saudável. Leva óleo de girassol, em vez de manteiga, e iogurte. A abobrinha deixa o bolo molhadinho. A cobertura de cream cheese é opcional.

16 PEDAÇOS

1 xícara (chá) de óleo de girassol, mais um pouco para untar
2 ⅓ xícaras (chá) de farinha de trigo integral
½ colher (chá) de sal
1 ½ colher (chá) de bicarbonato de sódio
2 colheres (chá) de fermento em pó
1 abobrinha ralada
1 xícara (chá) de açúcar mascavo
3 ovos
½ xícara (chá) de mel
½ xícara (chá) de iogurte
⅔ de xícara (chá) de uvas-passas brancas

COBERTURA

2 colheres (sopa) de manteiga
½ xícara (chá) de cream cheese
¾ de xícara (chá) de açúcar de confeiteiro
raspas e suco de 1 limão

1. Preaqueça o forno a 180°C. Unte uma fôrma de 33 cm x 23 cm e forre com papel-manteiga.
2. Numa tigela, misture a farinha, o sal, o bicarbonato e o fermento. Esprema a abobrinha, para retirar o excesso de água e acrescente à mistura.
3. Coloque o açúcar em uma tigela grande e vá adicionando os ovos, um de cada vez, batendo bem, até obter um creme claro. Junte o mel, o óleo e o iogurte. Mexa bem e incorpore à mistura de farinha de trigo e abobrinha. Adicione as passas e mexa mais.
4. Coloque a massa na fôrma e leve ao forno por 55 minutos. Para ver se está pronto, espete um palito. Se sair limpo, pode retirar do forno. Deixe esfriar e desenforme.
5. Para a cobertura, bata a manteiga, o cream cheese, o açúcar e o suco de limão, até obter uma mistura lisa. Despeje por cima do bolo e finalize com as raspas de limão.

BOLO DE MAÇÃ, AVELÃS E TÂMARAS

Esta receita é uma alternativa para quem procura um bolo mais leve que os de fruta tradicionais. Além do mais, as especiarias e a maçã vão encher a cozinha de aromas irresistíveis!

16 PEDAÇOS

- 170 g de manteiga, mais um pouco para untar
- ⅓ de xícara (chá) de avelãs sem pele
- ¾ de xícara (chá) de açúcar mascavo
- 1 ½ xícara (chá) de farinha de trigo com fermento
- ½ colher (chá) de canela em pó
- uma pitada de sal
- 3 ovos levemente batidos
- ½ xícara (chá) de suco de maçã não adoçado
- 1 colher (chá) de gengibre ralado
- 15 tâmaras picadas
- 2 maçãs sem casca e em cubos
- 6 ½ colheres (sopa) de açúcar mascavo para cobrir

1. Preaqueça o forno a 180°C. Unte uma fôrma quadrada de 23 cm e forre com papel-manteiga.
2. Numa frigideira pequena, em fogo médio, torre as avelãs até que dourem, mexendo a frigideira com frequência para que não queimem. Deixe esfriar e quebre-as um pouco com um martelo de carne.
3. Em uma tigela grande, bata a manteiga e o açúcar até obter um creme claro. Peneire por cima a farinha e acrescente a canela e o sal. Junte os ovos, o suco de maçã e o gengibre. Mexa bem. Adicione metade das tâmaras e das maçãs picadas.
4. Transfira a mistura para a fôrma, nivelando bem. Coloque o restante das tâmaras e das maçãs por cima, seguidas das avelãs e do açúcar mascavo.
5. Asse por 45 minutos. Para ver se está pronto, espete um palito. Se sair limpo, pode retirar do forno. Deixe esfriar, desenforme, corte e sirva.

BOLO DE ABÓBORA COM NOZES

Versátil, a abóbora é a base desta receita, feita com uma calda no fundo da assadeira, como um pudim. Ao desenformar o bolo, a calda escorre sobre ele.

12-16 PEDAÇOS

225 g de manteiga, mais um pouco para untar
⅓ de xícara (chá) de glicose de milho, mais um pouco (aquecida) para servir (opcional)
¾ de xícara (chá) de açúcar
3 ovos
⅓ de xícara (chá) de purê de abóbora
1 ¾ xícara (chá) de farinha de trigo com fermento
1 colher (chá) de fermento
1 ⅔ xícara (chá) de nozes picadas

1. Preaqueça o forno a 180°C. Unte uma fôrma quadrada de 23 cm e forre com papel-manteiga.
2. Coloque a glicose no fundo da fôrma.
3. Em uma tigela grande, bata a manteiga e o açúcar até obter um creme claro. Junte os ovos, um de cada vez, batendo bem.
4. Incorpore o purê de abóbora, a farinha, o fermento e as nozes. Mexa bem e coloque na fôrma, em cima da glicose.
5. Asse por 30 minutos, ou até que fique firme e doure.
6. Deixe esfriar e desenforme, deixando o lado da glicose para cima. Sirva morno ou frio, com mais glicose, se quiser.

BOLO DE FUBÁ COM FRUTAS VERMELHAS

Este bolo é uma boa opção para servir quente ou frio, no inverno ou verão. Vale a pena experimentar com creme de leite batido.

12-16 PEDAÇOS

BOLO

½ xícara (chá) de óleo vegetal, mais um pouco para untar
450 g de frutas vermelhas variadas
1 xícara (chá) de açúcar
3 ovos
1 xícara (chá) de iogurte natural
raspas de 1 laranja
¾ de xícara (chá) de amêndoas moídas
1 colher (chá) de fermento em pó
1 xícara (chá) de fubá
2 colheres (chá) de sementes de papoula

CALDA

¾ de xícara (chá) de açúcar
1 xícara (chá) de suco de laranja

1. Preaqueça o forno a 180°C. Unte uma fôrma quadrada de 23 cm e forre com papel-manteiga.
2. Misture as frutas com metade do açúcar e espalhe pelo fundo da fôrma.
3. Para a calda, coloque o suco e o açúcar em uma panela pequena e de fundo grosso, em fogo baixo, e mexa até que o açúcar se dissolva. Aumente o fogo e deixe reduzir por 5 minutos, até que forme uma calda espessa. Deixe esfriar.
4. Numa tigela, bata o óleo com os ovos, o iogurte e as raspas de laranja.
5. Numa outra tigela, misture as amêndoas, o fermento, o fubá e as sementes de papoula. Faça um buraco no centro e acrescente a mistura de óleo. Mexa bem.
6. Coloque a massa por cima das frutas e asse por 40-45 minutos, ou até que fique firme e doure.
7. Tire o bolo do forno e faça furos com um garfo, para que a calda penetre. Regue com ½ xícara da calda e deixe esfriar por completo.
8. Coloque em uma bandeja, corte em quadrados e regue com mais calda, se desejar.

BOLO DE MEL COM AMÊNDOAS

Este bolo possui condimentos na medida certa. O mel acrescenta um sabor especial, deixando-o irresistível!

24 PEDAÇOS

2 xícaras (chá) de mel
½ xícara (chá) de óleo, mais um pouco para untar
1 ½ xícara (chá) de açúcar
6 xícaras (chá) de farinha de trigo
1 colher (sopa) de fermento em pó
2 ⅔ xícaras (chá) de amêndoas moídas
2 colheres (sopa) de canela em pó
½ colher (chá) de pimenta-da--jamaica
uma pitada de cravo em pó
uma pitada de sal
3 ovos
1 xícara (chá) de raspas de limão e laranja cristalizadas
2 colheres (sopa) de leite condensado

PARA DECORAR

amêndoas cortadas ao meio
frutas cristalizadas
raspas de laranja e limão cristalizadas

1. Numa panela média, em fogo baixo, coloque o mel, o óleo e o açúcar para ferver, mexendo sempre até o açúcar dissolver. Deixe esfriar.
2. Numa tigela grande, peneire a farinha e o fermento e misture com as amêndoas moídas, as especiarias, o sal, os ovos e as raspas cristalizadas. Adicione a mistura de mel já fria. Sove bem a massa. Se precisar, coloque um pouco mais de farinha. Cubra e deixe descansar por 1 hora na geladeira.
3. Preaqueça o forno a 190°C. Unte uma fôrma de 33 cm x 23 cm e forre com papel-manteiga.
4. Com as mãos enfarinhadas, coloque a massa na fôrma, apertando com os dedos contra o fundo. Passe o leite condensado por cima. Corte quadrados de 6 cm.
5. Decore cada quadrado com amêndoas, frutas e raspas de limão e laranja. Asse por 25-30 minutos.
6. Deixe esfriar um pouco, desenforme e espere esfriar por completo antes de servir.

BOLO DE BANANA CLÁSSICO

Quem resiste a este bolo com pedaços de banana caramelizada por cima? Experimente quente, com uma bola de sorvete de creme.

12-16 PEDAÇOS

325 g de manteiga, mais um pouco para untar
5 bananas (400 g)
1 ¼ xícara (chá) de açúcar mascavo
2 ovos
1 ¾ xícara de farinha de trigo com fermento
1 colher (chá) de bicarbonato de sódio
½ xícara (chá) de banana-passa picada
⅓ de xícara (chá) de ameixas secas picadas
3 colheres (sopa) de leite
sorvete de creme para servir (opcional)

1. Preaqueça o forno a 180°C. Unte uma fôrma quadrada de 23 cm e forre com papel-manteiga. Fatie 3 bananas e arrume as fatias no fundo da fôrma.
2. Numa panela grande e de fundo grosso, em fogo baixo, derreta 100 g de manteiga com ⅓ de xícara (chá) de açúcar, mexendo até que forme uma calda. Coloque em cima das fatias de banana, na fôrma, e reserve.
3. Em uma tigela grande, bata o restante da manteiga e do açúcar até obter um creme claro. Junte os ovos, um de cada vez, batendo bem.
4. Numa tigela pequena, amasse as duas bananas restantes com um garfo.
5. Coloque a farinha e o bicarbonato na mistura de manteiga, seguidos da banana amassada, das bananas secas, das ameixas e do leite.
6. Despeje a mistura na fôrma, sobre as bananas fatiadas, nivelando com uma espátula. Leve ao forno por 40-45 minutos, ou até crescer e dourar.
7. Deixe esfriar por 5-10 minutos. Desenforme virando a parte de baixo para cima com cuidado, pois a calda, ainda quente, deve escorrer. Corte em quadrados e sirva quente ou frio. Se desejar, uma bola de sorvete pode acompanhar.

BOLO DE CEREJAS COM AMÊNDOAS

12-16 PEDAÇOS

BASE

165 g de manteiga, mais um pouco para untar
1 ⅓ xícara (chá) de amêndoas moídas
1 ½ xícara (chá) de farinha de trigo
sementes de 1 fava de baunilha
⅓ de xícara (chá) de açúcar
raspas de 1 limão
2 gemas

COBERTURA

1 ½ xícara (chá) de farinha de trigo
⅓ de xícara (chá) de açúcar cristal
amêndoas torradas picadas
100 g de manteiga derretida
¾ de xícara (chá) de geleia de cereja
2-3 colheres (sopa) de açúcar de confeiteiro para polvilhar

1. Preaqueça o forno a 190°C. Unte uma fôrma de 27,5 cm x 18 cm e forre com papel-manteiga.
2. Numa tigela grande, misture as amêndoas moídas com a farinha, as sementes de baunilha, o açúcar e as raspas de limão. Junte a manteiga e as gemas. Misture tudo com as mãos.
3. Coloque a massa na fôrma, pressionando com os dedos para cobrir todo o fundo. Proteja com filme de PVC e deixe descansar na geladeira por 20 minutos.
4. Para a cobertura, coloque a farinha, o açúcar e as amêndoas numa tigela média. Misture com a manteiga derretida. Mexa bem, até que fique com textura de migalhas de pão.
5. Espalhe bem a geleia por cima da base. Acrescente a mistura de farinha por cima e leve para assar por 35 minutos, até dourar e ficar crocante.
6. Deixe esfriar na fôrma e corte em quadrados. Sirva com açúcar de confeiteiro por cima.

DICA

Este bolo pode ser congelado. Quando quiser servir, retire do congelador e reaqueça no forno até que fique morno. Uma boa opção é servir com uma colher de creme de leite.

BOLO DE CENOURA COM COBERTURA ESPECIAL

12-16 PEDAÇOS

1 xícara (chá) de óleo vegetal, mais um pouco para untar
4 ovos
1 xícara (chá) de açúcar
1 colher (sopa) de melado
2 xícaras (chá) de farinha de trigo integral
½ colher (chá) de sal
1 colher (sopa) de fermento em pó
1 colher (sopa) de bicarbonato de sódio
2 colheres (sopa) de sementes de papoula
6 cenouras grandes raladas
⅔ de xícara (chá) de nozes picadas

COBERTURA

1 ¼ xícara (chá) de cream cheese
3 ½ colheres (sopa) de manteiga amolecida
½ colher (chá) de essência de baunilha
1 colher (chá) de suco de limão
1 xícara (chá) de açúcar de confeiteiro
⅔ de xícara (chá) de nozes picadas (opcional)

1. Preaqueça o forno a 160°C. Unte uma fôrma quadrada de 23 cm e forre com papel-manteiga.
2. Numa tigela grande, bata os ovos, o açúcar e o melado, até obter um creme claro.
3. Por cima, peneire a farinha e acrescente o sal, o fermento e o bicarbonato e incorpore. Junte as sementes de papoula, as cenouras, as nozes e o óleo. Misture bem.
4. Coloque a massa na assadeira e leve ao forno por 1 hora. Para ver se está pronto, espete um palito. Se sair limpo, pode retirar do forno.
5. Deixe esfriar por 10 minutos antes de desenformar.
6. Para a cobertura, bata o cream cheese, a manteiga, a essência de baunilha, o suco de limão e o açúcar de confeiteiro, até obter uma mistura homogênea.
7. Espalhe a cobertura na superfície do bolo já totalmente frio. Corte em quadrados e decore com as nozes picadas.

BOLO DE ABACAXI COM COCO

Abacaxi e coco formam uma grande dupla. O abacaxi dá umidade ao bolo e o coco o deixa crocante na superfície.

12-16 PEDAÇOS

BOLO

125 g de manteiga, mais um pouco para untar
1 xícara (chá) de açúcar
3 ovos
1 ⅔ xícara (chá) de farinha de trigo
2 colheres (chá) de fermento em pó
¼ de colher (chá) de sal
⅔ de xícara (chá) de creme de leite fresco
⅓ de xícara (chá) de coco ralado
1 xícara (chá) de abacaxi em cubos pequenos

COBERTURA CROCANTE

¼ de xícara (chá) de farinha de trigo
½ xícara (chá) de açúcar mascavo
2 colheres (sopa) de coco ralado
45 g de manteiga amolecida

1. Preaqueça o forno a 180°C. Unte uma fôrma quadrada de 23 cm e forre com papel-manteiga.
2. Coloque em uma tigela grande a manteiga e o açúcar e bata bem, até obter um creme claro. Acrescente os ovos, um de cada vez, batendo bem.
3. Incorpore a farinha, o fermento, o sal, o creme de leite fresco e o coco.
4. Coloque a massa na assadeira e arrume os pedaços de abacaxi em cima.
5. Para a cobertura, misture a farinha, o açúcar mascavo e o coco ralado. Depois, acrescente a manteiga e vá apertando com os dedos até formar uma farofa úmida. Espalhe sobre os pedaços de abacaxi, garantindo uma camada da cobertura crocante. Leve ao forno por 1 hora e 20 minutos. Para ver se está pronto, espete um palito. Se sair limpo, pode retirar do forno.
6. Deixe esfriar, corte em quadrados e sirva morno ou frio.

MUFFINS & CUPCAKES

MUFFINS DE AMORAS COM SEMENTES DE PAPOULA

As amoras ajudam a deixar o muffin mais úmido. O creme de ricota com baunilha dá uma textura cremosa, que contrasta com as sementes crocantes de papoula.

6 UNIDADES
(Dobre a receita para obter 12)

75 g de manteiga, mais um pouco para untar (se necessário)
½ xícara (chá) de ricota
½ xícara (chá) de açúcar
sementes de 1 fava de baunilha
1 ovo batido
1 ¼ xícara (chá) de farinha de trigo
1 ½ colher (sopa) de fermento em pó
uma pitada de sal
½ xícara (chá) de leite
1 colher (sopa) de sementes de papoula
½ xícara (chá) de amoras

1. Preaqueça o forno a 180°C. Unte seis forminhas de silicone ou de metal forradas com forminhas de papel para muffin.
2. Numa tigela grande, bata a manteiga, a ricota, o açúcar e as sementes de baunilha até obter um creme claro. Junte o ovo e bata mais.
3. Por cima, peneire a farinha e junte o fermento e o sal. Adicione o leite e incorpore os ingredientes sem mexer muito na massa. Acrescente as sementes de papoula, as amoras e misture com delicadeza.
4. Coloque a massa nas forminhas e asse por 35 minutos, até que os muffins cresçam e fiquem firmes.
5. Retire do forno e deixe esfriar.

MUFFINS DE BANANA COM AVEIA

Estes muffins, além de saborosos, são saudáveis e fáceis de fazer. Ótimos para o café da manhã. Uma opção é decorá-los com banana-passa picada.

6 UNIDADES
(Dobre a receita para obter 12)

25 g de manteiga derretida, mais um pouco para untar (se necessário)
⅓ de xícara (chá) de uvas-passas
⅓ de xícara (chá) de açúcar mascavo
¾ de xícara (chá) de farinha de trigo integral
¼ de colher (chá) de sal
1 colher (chá) de fermento em pó
½ xícara (chá) de flocos de aveia
1 ovo batido
2 colheres (sopa) de mel
½ xícara (chá) de iogurte natural
1 colher (chá) de essência de baunilha
1 banana amassada
1 cenoura ralada
3 colheres (sopa) de suco de maçã
6 morangos secos ou bananas-passas para decorar.

1. Preaqueça o forno a 180°C. Unte seis forminhas de silicone ou de metal forradas com forminhas de papel para muffin.
2. Numa tigela grande, misture as passas com o açúcar, a farinha, o fermento, o sal e a aveia.
3. Numa outra tigela, bata o ovo com o mel, a manteiga, o iogurte e a essência de baunilha. Misture bem, junte à mistura de ingredientes secos. Adicione a banana amassada, a cenoura e o suco de maçã. Incorpore bem todos os ingredientes.
4. Coloque a massa nas forminhas, finalize com morangos secos picados ou bananas-passas e asse por 30 minutos, até que os muffins cresçam e fiquem firmes.
5. Retire do forno e deixe esfriar.

MUFFINS DE MAÇÃ COM CANELA

Estes muffins macios possuem uma cobertura crocante. Apesar de recheados, não são muito doces, sendo uma boa opção para o lanche da tarde.

6 UNIDADES
(Dobre a receita para obter 12)

25 g de manteiga, mais um pouco para untar (se necessário)
2 colheres (chá) de mel
⅓ de xícara (chá) de farinha de trigo
½ xícara (chá) de açúcar mascavo
¾ de colher (chá) de fermento em pó
¾ de colher (chá) de canela em pó
⅓ de xícara (chá) de leite
1 maçã descascada e ralada
1 xícara (chá) de óleo vegetal
1 ovo batido

COBERTURA

2 colheres (sopa) de açúcar demerara
uma pitada de canela em pó

1. Preaqueça o forno a 180°C. Unte seis forminhas de silicone ou de metal forradas com forminhas de papel para muffin.
2. Numa panela pequena e de fundo grosso, em fogo baixo, derreta a manteiga com o mel.
3. Numa tigela grande, misture a farinha com o açúcar mascavo, o fermento, a canela e a maçã ralada. Incorpore o leite, o óleo e o ovo. Acrescente o mel com a manteiga e mexa bem.
4. Coloque a massa nas forminhas.
5. Misture o açúcar demerara e a canela da cobertura e polvilhe os muffins. Asse por 30 minutos, até que cresçam e fiquem firmes.
6. Retire do forno e deixe esfriar.

MUFFINS DE IOGURTE COM MEL E AVEIA

Saudáveis, estes muffins são uma boa opção para café da manhã ou lanche da tarde, para crianças e adultos.

6 UNIDADES
(Dobre a receita para obter 12)

25 g de manteiga derretida, mais um pouco para untar (se necessário)
1 ovo batido
½ xícara (chá) de iogurte
½ xícara (chá) de mel
2 colheres (sopa) de leite
2 colheres (sopa) de óleo vegetal
½ xícara (chá) de aveia
¾ de xícara (chá) de farinha de trigo
uma pitada de sal
1 colher (chá) de fermento em pó
1 colher (chá) de bicarbonato de sódio

1. Preaqueça o forno a 180°C. Unte seis forminhas de silicone ou de metal forradas com forminhas de papel para muffin.
2. Numa tigela pequena, bata o ovo, o iogurte, o mel, a manteiga derretida, o leite e o óleo.
3. Numa tigela grande, misture a aveia (reserve 1 colher de sopa) com a farinha, o sal, o fermento e o bicarbonato. Junte à mistura líquida e mexa bem.
4. Coloque a massa nas forminhas e espalhe a aveia reservada por cima. Asse por 25-30 minutos, até que os muffins cresçam e fiquem firmes.
5. Retire do forno e deixe esfriar.

MUFFINS DE ABÓBORA COM GLICOSE DE MILHO

Sirva estes muffins a qualquer hora do dia, quentes ou frios, com ou sem a glicose de milho.

6 UNIDADES
(Dobre a receita para obter 12)

manteiga para untar (se necessário)
1 xícara (chá) de farinha de trigo integral
1 colher (chá) de fermento em pó
½ colher (chá) de bicarbonato de sódio
½ colher (chá) de gengibre em pó
½ colher (chá) de pimenta-da--jamaica
uma pitada de sal
⅓ de xícara (chá) de óleo de girassol
⅓ de xícara (chá) de creme de leite fresco
3 colheres (sopa) de glicose de milho
1 ovo batido
⅓ de xícara (chá) de açúcar mascavo
⅔ de xícara (chá) de abóbora ralada
3 colheres (sopa) de sementes de girassol

1. Preaqueça o forno a 180°C. Unte seis forminhas de silicone ou de metal forradas com forminhas de papel para muffin.
2. Numa tigela grande, misture a farinha, o fermento, o bicarbonato, as especiarias e o sal.
3. Em outra tigela, bata o óleo, o creme de leite, 1 colher (sopa) da glicose de milho, o ovo e o açúcar. Misture bem e junte à mistura de ingredientes secos. Mexa bem.
4. Incorpore a abóbora ralada e 2 colheres (sopa) de sementes de girassol. Mexa delicadamente.
5. Coloque a massa nas forminhas, acrescente as sementes restantes por cima e asse por 20-25 minutos, até que os muffins cresçam e fiquem firmes.
6. Retire do forno, regue com um pouco mais de glicose e deixe esfriar.

MUFFINS DE AMENDOIM COM CHOCOLATE

Estes muffins possuem um sabor levemente salgado, que contrasta com o recheio de chocolate. São indicados para todas as ocasiões.

6 UNIDADES
(Dobre a receita para obter 12)

25 g de manteiga, mais um pouco para untar (se necessário)
⅓ de xícara (chá) de creme de amendoim
¼ de xícara (chá) de açúcar
1 ¼ xícara (chá) de farinha de trigo
2 colheres (sopa) de fermento em pó
uma pitada de sal
½ xícara (chá) de leite
1 ovo batido
6 pedaços de chocolate ao leite

1. Preaqueça o forno a 180°C. Unte seis forminhas de silicone ou de metal forradas com forminhas de papel para muffin.
2. Numa panela pequena e de fundo grosso, em fogo baixo, derreta a manteiga e o creme de amendoim e reserve.
3. Numa tigela grande, misture o açúcar com a farinha, o fermento e o sal. Incorpore o leite, a mistura de manteiga e o ovo batido. Misture bem.
4. Despeje a massa nas forminhas e coloque um pedaço de chocolate em cima de cada muffin, enfiando um pouco para dentro. Asse por 20-25 minutos, até que cresçam e fiquem firmes.
5. Retire do forno e deixe esfriar.

DICA
Sirva estes muffins ainda mornos. Se guardados, resistem por até 48 horas em um recipiente bem fechado.

MUFFINS DE MAÇÃ CARAMELIZADA

Tenha sempre em mãos esta receita, tão fácil de fazer quanto irresistível. O açúcar derrete e forma uma calda caramelizada por cima das maçãs. Sirva morno com uma bola de sorvete de creme.

4 UNIDADES

- 3 maçãs sem casca e em fatias
- ¾ de xícara (chá) de farinha de trigo com fermento, mais 1 colher (sopa)
- ½ xícara (chá) de açúcar mascavo
- ¼ de xícara (chá) de açúcar
- ½ colher (chá) de pimenta-da-jamaica
- 1 ovo batido
- ½ xícara (chá) de iogurte natural integral
- 50 g de manteiga derretida

1. Preaqueça o forno a 220°C. Forre seis forminhas de silicone ou de metal com forminhas de papel para muffin.
2. Numa travessa, misture as maçãs com 1 colher (sopa) de farinha e o açúcar mascavo. Coloque as maçãs no fundo de cada forminha.
3. Numa tigela grande, misture a farinha restante com o açúcar e a pimenta-da-jamaica. Adicione o ovo, o iogurte e a manteiga e misture bem, delicadamente.
4. Coloque a massa nas forminhas e asse por 15-20 minutos, ou até que os muffins cresçam e fiquem firmes.
5. Retire do forno e sirva morno.

MUFFINS DE MAÇÃ COM CREME DE ROSAS

6 UNIDADES
(Dobre a receita para obter 12)

CREME DE ROSAS

⅔ de xícara (chá) de creme de leite
1 colher (chá) de água de rosas
3 colheres (sopa) de açúcar de confeiteiro peneirado

COBERTURA CROCANTE

15 g de manteiga amolecida
2 colheres (sopa) de farinha de trigo
1 colher (sopa) de amêndoas moídas
uma pitada de sal
1 colher (sopa) de açúcar mascavo

MUFFINS

¾ de xícara (chá) de maçã picada
raspas e suco de ½ laranja
½ xícara (chá) de açúcar mascavo
1 xícara (chá) de farinha de trigo
1 colher (chá) de fermento em pó
½ colher (chá) de bicarbonato de sódio
1 ovo batido
25 g de manteiga derretida
½ xícara (chá) de iogurte natural
1-2 colheres (sopa) de suco de laranja

1. Preaqueça o forno a 180°C. Unte seis forminhas de silicone ou de metal forradas com forminhas de papel para muffin.

2. Para fazer o creme de rosas, bata em uma tigela o creme de leite, o açúcar de confeiteiro e a água de rosas até obter uma mistura lisa. Cubra e deixe na geladeira até a hora de usar.

3. Para fazer a cobertura crocante, misture a manteiga e a farinha de trigo usando as pontas dos dedos. Junte as amêndoas moídas, o sal e o açúcar mascavo e misture mais um pouco. Reserve.

4. Numa panela pequena de fundo grosso, em fogo baixo, coloque a maçã, o suco de laranja e o açúcar mascavo. Mexa até que o açúcar dissolva e a maçã fique macia. Deixe esfriar.

5. Numa tigela grande, misture as raspas de laranja com a farinha, o fermento e o bicarbonato. Em outra tigela, bata o ovo com a manteiga, o iogurte e o suco de laranja. Mexa bem e misture com os ingredientes secos. Junte o preparado das maçãs e misture delicadamente.

6. Despeje a massa nas forminhas, coloque a cobertura crocante por cima e asse por 30 minutos, ou até que cresçam e fiquem firmes.

7. Retire do forno e sirva com o creme de rosas.

MUFFINS DE LARANJA COM UVAS-PASSAS

O clássico muffin de laranja ganha um toque especial com as uvas-passas. Experimente também substituí-las por frutas vermelhas, como morangos ou amoras.

12 UNIDADES

75 g de manteiga derretida, mais um pouco para untar (necessário)
¾ de xícara (chá) de leite
raspas de 1 laranja
1 ovo batido
1 colher (chá) de essência de baunilha
2 ½ xícaras (chá) de farinha de trigo com fermento
2 colheres (chá) de fermento em pó
⅔ de xícara (chá) de uvas-passas brancas
¼ de xícara (chá) de açúcar de baunilha
¼ de xícara (chá) de açúcar mascavo

1. Preaqueça o forno a 190°C. Unte 12 forminhas de silicone ou de metal forradas com forminhas de papel para muffin.
2. Numa tigela pequena, bata a manteiga, o leite, as raspas de laranja, o ovo e a essência de baunilha.
3. Numa tigela grande, peneire a farinha e o fermento. Junte as uvas-passas e os açúcares.
4. Junte o conteúdo das duas tigelas e misture delicadamente.
5. Despeje a massa nas forminhas e asse por 15-20 minutos, ou até que os muffins cresçam e fiquem firmes.
6. Retire do forno, deixe esfriar e sirva.

DICA
Se preferir, substitua as raspas de laranja por uma colher (chá) de canela em pó ou de pimenta-da-jamaica.

MUFFINS MARMORIZADOS COM MASCARPONE

O contraste do mascarpone com o chocolate escuro dá um efeito marmorizado e faz deste muffin uma boa pedida para as festas. Atrativo para o paladar e para os olhos!

6 UNIDADES
(Dobre a receita para obter 12)

25 g de manteiga, mais um pouco para untar (se necessário)
¾ de xícara (chá) de farinha de trigo
2 colheres (chá) de fermento em pó
½ xícara (chá) de açúcar
¼ de colher (chá) de sal
½ xícara (chá) de mascarpone
1 ovo batido
3 colheres (sopa) de leite
½ colher (chá) de essência de baunilha
90 g de chocolate amargo derretido
1 colher (sopa) de cacau em pó
¼ de xícara (chá) de gotas de chocolate

1. Preaqueça o forno a 180°C. Forre seis forminhas de silicone ou de metal com forminhas de papel para muffin.
2. Numa tigela grande, misture a farinha, o fermento, o açúcar e o sal.
3. Em outra tigela, bata o mascarpone com a manteiga derretida, o ovo, o leite e a essência de baunilha.
4. Junte delicadamente as misturas de ingredientes secos e molhados. Coloque um terço dessa massa em outra tigela menor. Junte o chocolate derretido e o cacau em pó na tigela grande e misture bem.
5. Acrescente as gotas de chocolate à massa sem chocolate da tigela menor.
6. Faça três camadas de massa nas forminhas – massa preta, massa branca e massa preta novamente – e asse por 25-30 minutos, ou até que os muffins cresçam e fiquem firmes.
7. Retire do forno, deixe esfriar e sirva.

CUPCAKES DE BETERRABA COM CHOCOLATE

A beterraba funciona nesta receita como corante natural, dando uma aparência aveludada ao cupcake, que leva as tradicionais gotas de chocolate na massa.

12 UNIDADES

1 ¾ xícara (chá) de beterraba fatiada
½ xícara (chá) de suco de maçã
1 ½ colher (chá) de essência de baunilha
45 g de chocolate amargo derretido
2 ovos batidos
½ xícara (chá) de óleo vegetal
1 xícara (chá) de açúcar
1 ¼ xícara (chá) de farinha de trigo
½ colher (chá) de sal
1 ½ colher (chá) de bicarbonato de sódio
½ colher (chá) de fermento em pó
3 colheres (sopa) de gotas de chocolate

COBERTURA

⅔ de xícara (chá) de cream cheese
5 colheres (sopa) de manteiga amolecida
⅔ de xícara (chá) de açúcar de confeiteiro
1 colher (chá) de suco de limão
2-3 gotas de essência de baunilha
2-3 colheres (sopa) de lascas de coco fresco para decorar (opcional)

1. Preaqueça o forno a 180°C. Forre seis forminhas de silicone ou de metal com forminhas de papel para muffin.
2. Num processador, bata a beterraba com o suco de maçã e a essência de baunilha.
3. Coloque a mistura em uma tigela grande e junte o chocolate derretido frio, os ovos, o óleo vegetal e o açúcar. Bata bem por 2-3 minutos.
4. Peneire a farinha e junte o sal, o bicarbonato de sódio e o fermento. Incorpore tudo, delicadamente, à mistura de beterraba e acrescente as gotas de chocolate.
5. Despeje a massa nas forminhas e asse por 35 minutos, ou até que os cupcakes cresçam e fiquem firmes. Retire do forno e deixe esfriar antes de colocar a cobertura.
6. Para fazer a cobertura, bata em uma tigela média o cream cheese, a manteiga, o açúcar de confeiteiro, o suco de limão e a essência de baunilha, até obter uma mistura homogênea. Cubra os cupcakes, decore com lascas de coco fresco e sirva.

DICA

Escolha uma beterraba bem vermelha e cozinhe até que fique macia, mas não deixe demais no fogo, pois a cor tende a perder força.

CUPCAKES DE FRUTAS COM NOZES

A rigor, esta receita não é de cupcake, mas de um meio-termo entre biscoito e bolinho, pois possui uma textura mais crocante.

12 UNIDADES

115 g de manteiga gelada, mais um pouco para untar
2 xícaras (chá) de farinha de trigo
½ colher (chá) de canela em pó
uma pitada de noz-moscada
½ colher (chá) de sal
1 colher (chá) de fermento em pó
⅓ de xícara (chá) de açúcar
raspas de 1 limão e de 1 laranja
½ xícara (chá) de uvas-passas escuras
½ xícara (chá) de uvas-passas brancas
1 ovo batido
3-4 colheres (sopa) de leite

COBERTURA

1 gema
1 colher (sopa) de água
uma pitada de sal

PARA DECORAR

6 cerejas ao marasquino cortadas ao meio
12 amêndoas sem pele inteiras

1. Preaqueça o forno a 200°C. Forre 12 forminhas de silicone ou de metal com forminhas de papel para muffin.
2. Numa tigela grande, misture a farinha, a canela, a noz-moscada, o sal e o fermento. Junte a manteiga e misture com as pontas dos dedos até que fique com textura de migalhas de pão.
3. Junte o açúcar, as raspas de laranja e limão e as uvas-passas.
4. Adicione o ovo batido e o leite e misture até formar uma massa. Divida em 12 bolas e coloque cada uma em uma forminha.
5. Para a cobertura, misture bem a gema de ovo, o sal e a água e pincele as bolinhas. Coloque as cerejas e amêndoas sobre cada uma.
6. Asse por 15-20 minutos, ou até que cresçam e dourem. Retire do forno, deixe esfriar e sirva morno.

CUPCAKES DE COCO

Esta é a versão básica de cupcake de coco, que pode ganhar diferentes coberturas. Para deixar ainda mais atraente, use forminhas coloridas, que contrastam com o coco em lascas.

12 UNIDADES

CUPCAKES

1 ⅔ xícara (chá) de farinha de trigo com fermento
⅔ de xícara (chá) de açúcar
½ xícara (chá) de coco seco ralado
½ colher (chá) de sal
¾ de xícara (chá) de leite de coco
½ xícara (chá) de óleo vegetal
2 ovos batidos

COBERTURA

⅔ de xícara (chá) de cream cheese
25 g de manteiga
⅓ de xícara (chá) de açúcar de confeiteiro
½ colher (chá) de essência de baunilha
2 colheres (sopa) de coco ralado

1. Preaqueça o forno a 160°C. Forre 12 forminhas de silicone ou de metal com forminhas de papel para muffin.
2. Numa tigela grande, misture a farinha, o açúcar, o coco e o sal. Faça um buraco no meio e junte o leite de coco, o óleo e os ovos. Misture tudo.
3. Despeje a massa nas forminhas e asse por 20 minutos, ou até que os cupcakes cresçam e dourem.
4. Retire do forno e deixe esfriar enquanto prepara a cobertura.
5. Numa tigela pequena, bata o cream cheese, a manteiga, o açúcar de confeiteiro, a essência de baunilha e metade do coco.
6. Faça um montinho sobre cada cupcake e finalize com o restante do coco ralado.

CUPCAKES DE CENOURA

Este cupcake de cenoura é como um pedaço do tradicional bolo de cenoura. Aqui, em vez da cobertura de chocolate, o bolinho leva cream cheese com limão.

12 UNIDADES

140 g de manteiga amolecida
⅔ de xícara (chá) de açúcar mascavo
3 ovos batidos
1 ¼ xícara (chá) de farinha de trigo com fermento
½ colher (chá) de fermento em pó
1 colher (chá) de pimenta-da-jamaica
1 xícara (chá) de nozes moídas
raspas de 1 laranja
1 ⅓ xícara (chá) de cenoura ralada
⅓ de xícara (chá) de uvas-passas brancas

COBERTURA

½ xícara (chá) de cream cheese
2 ¼ xícaras (chá) de açúcar de confeiteiro
1 colher (sopa) de suco de limão
nozes picadas para decorar

1. Preaqueça o forno a 180°C. Forre 12 forminhas de silicone ou de metal com forminhas de papel para muffin.
2. Numa tigela grande, bata a manteiga, o açúcar, os ovos, a farinha, o fermento, a pimenta-da-jamaica, as nozes moídas e as raspas de laranja, até obter um creme.
3. Junte a cenoura e as uvas-passas. Misture bem. Distribua a massa nas forminhas.
4. Asse por 25 minutos, ou até que cresçam e dourem. Retire do forno, deixe esfriar por 5 minutos.
5. Para a cobertura, numa vasilha média bata o cream cheese até que fique cremoso. Junte o açúcar de confeiteiro, o suco de limão e bata mais.
6. Passe sobre os cupcakes com uma espátula. Coloque nozes picadas por cima para decorar.

CUPCAKES DE GELEIA DE LARANJA

Este cupcake certamente irá agradar em cheio aos fãs de sobremesas com toques cítricos, já que leva geleia e raspas cristalizadas de laranja.

12 UNIDADES

140 g de manteiga amolecida
⅓ de xícara (chá) de açúcar
2 ovos batidos
1 ⅓ xícara de farinha de trigo com fermento
½ colher (chá) de fermento em pó
1 colher (chá) de essência de baunilha
¼ de xícara de geleia de laranja
raspas de laranja cristalizadas

1. Preaqueça o forno a 180°C. Unte 12 forminhas de silicone ou de metal forradas com forminhas de papel para muffin.
2. Numa tigela grande, bata a manteiga com o açúcar, os ovos, a farinha, o fermento, a essência de baunilha e a geleia, até obter um creme.
3. Coloque a massa nas forminhas e, por cima, enfeite com algumas tirinhas de casca de laranja cristalizada.
4. Asse por 25 minutos, ou até que cresçam e dourem.
5. Retire do forno, deixe esfriar e sirva.

CUPCAKES DE FUBÁ COZIDO COM AMEIXAS

Em vez de farinha de trigo, esta receita é feita com fubá. Esta versão leva cobertura de ameixas e calda de mel; outra opção é uma cobertura de goiabada.

8 UNIDADES

3 colheres (sopa) de óleo vegetal, mais um pouco para untar
1 xícara (chá) de fubá
½ xícara (chá) de açúcar
1 colher (chá) de fermento em pó
¾ de xícara (chá) de amêndoas moídas
½ colher (chá) de essência de amêndoas
½ xícara (chá) de coalhada seca
raspas de 1 limão
2 ovos batidos
2 ameixas em fatias
2 colheres (sopa) de mel
4 colheres (chá) de suco de limão

1. Preaqueça o forno a 180°C. Unte oito forminhas de silicone ou de metal forradas com forminhas de papel para muffin.
2. Numa tigela grande, misture o fubá, o açúcar, o fermento e as amêndoas moídas.
3. Em outra tigela, bata a essência de amêndoas, a coalhada seca, o óleo, as raspas de limão e os ovos. Misture os ingredientes secos, formando uma massa.
4. Coloque a massa nas forminhas. Coloque algumas fatias de ameixa por cima de cada cupcake. Asse por 20-25 minutos, ou até que cresçam e dourem.
5. Retire do forno, deixe esfriar por 5 minutos.
6. Fure a superfície dos cupcakes com um garfo, misture o mel e o suco de limão e regue-os.

CUPCAKES DE REFRIGERANTE COM CEREJAS

Este cupcake atrai os olhares e agrada aos paladares em festas de criança. Pode ser feito com qualquer refrigerante à base de cola, inclusive os aromatizados com limão, cereja ou outras frutas.

12 UNIDADES

CUPCAKES

1 ⅔ xícara (chá) de farinha de trigo
3 colheres (sopa) de cacau em pó
¼ de colher (chá) de bicarbonato de sódio
⅔ de xícara (chá) de açúcar
2 ovos batidos
⅔ de xícara (chá) de refrigerante de cola
115 g de manteiga derretida

COBERTURA

115 g de manteiga amolecida
¾ de xícara (chá) de açúcar de confeiteiro
½ xícara (chá) de creme de leite
1-2 gotas de corante vermelho
¼ de xícara (chá) de água fervente
12 cerejas

1. Preaqueça o forno a 190°C. Forre 12 forminhas de silicone ou de metal com forminhas de papel para muffin.
2. Numa tigela grande, peneire a farinha, o cacau em pó e o bicarbonato. Junte o açúcar, misture e faça um buraco no meio. Adicione os ovos, o refrigerante e bata com a batedeira. Adicione a manteiga e bata até obter uma mistura homogênea.
3. Coloque a massa nas forminhas. Asse por 20-25 minutos, ou até que cresçam e dourem. Retire do forno e deixe esfriar.
4. Para fazer a cobertura, bata a manteiga, o açúcar e o creme de leite até obter um creme. Coloque algumas gotas de corante vermelho até que o creme fique da cor de algodão-doce rosa. Adicione a água, uma colher de cada vez, mexendo sempre, até que a mistura fique homogênea.
5. Coloque a cobertura em cima dos cupcakes, usando o dorso de uma colher para deixar num formato atrativo. Coloque uma cereja em cima de cada um e sirva.

CUPCAKES DE AMÊNDOAS COM GENGIBRE

Estes cupcakes são sofisticados e podem ser servidos como sobremesa. São úmidos e aerados ao mesmo tempo. Cubra com amêndoas em lâminas, torradas, antes de servir.

12 UNIDADES

CUPCAKES

1 ¼ xícara (chá) de farinha de trigo com fermento
½ xícara (chá) de amêndoas moídas
⅔ de xícara (chá) de açúcar
⅔ de xícara (chá) de leite
115 g de manteiga derretida
2 ovos batidos
2-3 gotas de essência de amêndoas
2 pedaços de gengibre em conserva picados
1 colher (sopa) da calda do gengibre

COBERTURA

⅔ de xícara (chá) de açúcar de confeiteiro
1 colher (sopa) de leite
1 colher (sopa) de amêndoas em lâminas para decorar

1. Preaqueça o forno a 180°C. Forre 6 forminhas de silicone ou de metal com forminhas de papel para muffin.
2. Numa tigela grande, coloque a farinha, as amêndoas moídas e o açúcar. Adicione o leite, a manteiga derretida, os ovos, o gengibre e a essência de amêndoas. Bata até obter uma mistura homogênea.
3. Coloque a calda do gengibre, mexa bem e despeje a massa nas forminhas.
4. Asse por 25 minutos, ou até que cresçam e dourem. Retire do forno e deixe esfriar.
5. Para fazer a cobertura, bata o açúcar de confeiteiro e o leite até obter uma mistura cremosa.
6. Coloque a cobertura em cima dos cupcakes, decore com as amêndoas em lâminas e sirva.

MUFFINS GLACEADOS DE GENGIBRE

Leves, úmidos e saborosos. Estes muffins combinam bem com um café ou um cappuccino no fim de tarde.

12 UNIDADES

MUFFINS

115 g de manteiga, mais um pouco para untar (se necessário)
½ xícara (chá) de glicose de milho
½ xícara (chá) de açúcar mascavo
1 ¾ xícara de farinha de trigo com fermento
1 colher (chá) de fermento em pó
1 colher (chá) de gengibre em pó
2 ovos batidos
½ xícara (chá) de leite
3 colheres (sopa) de gengibre cristalizado

GLACÊ

1 ⅔ xícara (chá) de açúcar de confeiteiro
4 colheres (sopa) de água
fatias de gengibre cristalizado para decorar

1. Preaqueça o forno a 180°C. Forre 6 forminhas de silicone ou de metal com forminhas de papel para muffin.
2. Numa panela média, em fogo baixo, adicione a manteiga, a glicose de milho e o açúcar. Mexa até a manteiga derreter.
3. Numa tigela média, misture a farinha, o fermento e o gengibre em pó. Numa outra tigela, bata os ovos com o leite.
4. Coloque a mistura da panela na tigela com a farinha. Aos poucos, vá acrescentando a mistura de ovo e leite. Junte o gengibre cristalizado.
5. Coloque a massa nas forminhas. Asse por 10-15 minutos, ou até que cresçam e dourem. Retire do forno e deixe esfriar.
6. Para fazer a cobertura, peneire o açúcar e misture aos poucos com a água, batendo sempre, até obter uma mistura cremosa.
7. Espalhe o glacê nos cupcakes, decore com fatias de gengibre e deixe esfriar por meia hora antes de servir.

MUFFINS DE CAMOMILA

Sirva estes muffins bem quentinhos com manteiga para acompanhar uma xícara de chá. Se quiser uma versão mais forte, substitua a camomila por chá de hortelã-pimenta e use 100 g de gotas de chocolate branco em vez de uvas-passas.

12 UNIDADES

85 g de manteiga derretida, mais um pouco para servir e untar (se necessário)
3 colheres (sopa) de chá de camomila
¾ de xícara (chá) de amêndoas moídas
½ xícara (chá) de açúcar
2 ¼ xícaras (chá) de farinha de trigo
1 colher (sopa) de fermento em pó
raspas de 1 limão
½ xícara (chá) de uvas-passas brancas
2 ovos batidos
1 ¼ xícara (chá) de iogurte natural

1. Preaqueça o forno a 220°C. Unte 12 forminhas de silicone ou de metal forradas com forminhas de papel para muffin.
2. Coloque o chá, as amêndoas moídas e o açúcar no processador e bata até obter uma mistura homogênea. Coloque em uma tigela e adicione a farinha, o fermento, as raspas de limão e as passas.
3. Numa tigela média, junte a manteiga, os ovos, o iogurte e bata bem. Adicione à mistura de farinha e mexa bem.
4. Coloque a massa nas forminhas. Asse por 15-18 minutos, ou até que os muffins cresçam e dourem.
5. Retire do forno e sirva morno com manteiga.

CUPCAKES BORBOLETA

Estes cupcakes feitos de baunilha e morangos são lindos, além de deliciosos. Sirva com um pedaço de morango por cima ou com geleia.

12 UNIDADES

CUPCAKES

115 g de manteiga amolecida
½ xícara (chá) de açúcar
2 ovos batidos
1 colher (chá) de essência de baunilha
1 xícara (chá) de farinha de trigo com fermento
1 colher (chá) de fermento em pó
2 colheres (sopa) de leite
8 morangos secos picados

CREME

½ xícara (chá) de mascarpone
2-3 colheres (sopa) de açúcar de confeiteiro
sementes de 1 fava de baunilha
1-2 colheres (sopa) de leite (se necessário)
12 morangos ou geleia de morango para decorar

1. Preaqueça o forno a 180°C. Forre 6 forminhas de silicone ou de metal com forminhas de papel para muffin.
2. Em uma tigela grande, bata a manteiga e o açúcar até obter um creme claro. Junte os ovos, um de cada vez, batendo bem. Misture a essência de baunilha.
3. Incorpore a farinha, o fermento, o leite e os morangos.
4. Coloque a massa nas forminhas. Asse por 20-25 minutos, ou até que cresçam e dourem. Retire do forno e deixe esfriar.
5. Para o creme de baunilha, bata o mascarpone com as sementes de baunilha e o açúcar, acrescentando algumas colheres de leite, se necessário.
6. Use uma faca afiada para cortar a tampa de cada cupcake. Coloque o creme em cima, decore com um pouco de geleia ou morangos e corte a tampa retirada ao meio. Coloque as duas metades em cima de cada cupcake, como se fossem asas de borboleta.

CUPCAKES DE LAVANDA

Além de cheirosas, as lavandas são saborosas. Experimente este cupcake de sabor primaveril.

12 UNIDADES

CUPCAKES

6 flores de lavanda, mais algumas para decorar
115 g de manteiga amolecida
⅔ de xícara (chá) de açúcar
raspas de ½ laranja
2 ovos batidos
1 ¼ xícara (chá) de farinha de trigo com fermento
½ colher (chá) de fermento em pó

GLACÊ

1 ¼ xícara (chá) de açúcar de confeiteiro
4-5 colheres (sopa) de suco de laranja
gotas de corante lilás

1. Preaqueça o forno a 180°C. Forre 12 forminhas de silicone ou de metal com forminhas de papel para muffin.
2. Tire as flores de lavanda do talo e coloque em uma tigela com a manteiga, o açúcar, as raspas de laranja, os ovos, a farinha e o fermento. Misture bem até obter uma massa cremosa.
3. Coloque a mistura nas forminhas e asse por 20 minutos, ou até que cresçam e dourem. Retire do forno e deixe esfriar.
4. Para a cobertura, misture o açúcar de confeiteiro e o suco de laranja. Adicione o corante e misture mais.
5. Passe a cobertura em cima dos cupcakes e decore com flores de lavanda.

CUPCAKES DE ROSA

Este cupcake à base de rosas e com cobertura cremosa irá impressionar seus amigos. Sirva com uma bebida bem refrescante.

12 UNIDADES

CUPCAKE
2 pétalas de rosa cristalizadas, mais um pouco para decorar
⅔ de xícara (chá) de açúcar
115 g de manteiga amolecida
2 ovos batidos
1 ¼ xícara (chá) de farinha de trigo com fermento
½ colher (chá) de fermento em pó
1 colher (sopa) de água de rosas

COBERTURA
1 xícara (chá) de mascarpone
1 xícara (chá) de açúcar de confeiteiro
1 colher (chá) de suco de limão
gotas de corante rosa (opcional)

1. Preaqueça o forno a 180°C. Forre 12 forminhas de silicone ou de metal com forminhas de papel para muffin.
2. Coloque o açúcar e as pétalas de rosa cristalizadas no processador e bata bem.
3. Numa tigela grande, misture as pétalas de rosas e o açúcar com os ingredientes restantes. Bata até obter um creme claro.
4. Coloque a mistura nas forminhas e asse por 20 minutos, ou até que cresçam e dourem. Retire do forno e deixe esfriar.
5. Para a cobertura, misture numa tigela média o mascarpone, o suco de limão, o corante e o açúcar de confeiteiro, até obter uma mistura homogênea.
6. Espalhe a cobertura em cima dos cupcakes e decore com pétalas de rosas.

CUPCAKES DE AMORAS COM CHEESECAKE

Estes cupcakes levam recheio de amoras e uma deliciosa cobertura de cheesecake.

12 UNIDADES

CHEESECAKE
1 xícara (chá) de mascarpone
⅔ de xícara (chá) de açúcar cristal
sementes de uma fava de baunilha
1 ovo

CUPCAKES
75 g de manteiga amolecida
⅓ de xícara (chá) de açúcar
2 ovos batidos
1 ¼ xícara (chá) de farinha de trigo
uma pitada de sal
1 colher (chá) de fermento em pó
2-3 colheres (sopa) de leite
⅔ de xícara (chá) de amoras

1. Preaqueça o forno a 180°C. Forre 12 forminhas de silicone ou de metal com forminhas de papel para muffin.
2. Para o recheio de cheesecake, bata todos os ingredientes até obter uma mistura homogênea.
3. Numa tigela, bata a manteiga e o açúcar até obter um creme claro. Junte os ovos, um de cada vez, adicionando 1 colher (sopa) de farinha de trigo a cada adição.
4. Peneire a farinha restante, o fermento e o sal por cima dos ovos e misture delicadamente. Junte 2-3 colheres de leite e mexa mais.
5. Junte as amoras, misturando com delicadeza.
6. Coloque a mistura nas forminhas e, por cima, uma colher do cheesecake. Asse por 30-35 minutos, ou até que cresçam e dourem.
7. Retire do forno e deixe esfriar por 2 ou 3 minutos. Sirva morno ou frio.

CUPCAKES MOCHACCINO

O forte sabor de chocolate deste cupcake combina bem com a cobertura de café. Para finalizar, nada melhor do que mais chocolate!

12 UNIDADES

CUPCAKES

1 ¼ xícara (chá) de farinha de trigo com fermento
½ xícara (chá) de cacau em pó
⅔ de xícara (chá) de açúcar
2 ½ xícaras (chá) de mistura em pó para cappuccino
¼ de xícara (chá) de água fervente
½ xícara (chá) de leite
115 g de manteiga derretida
2 ovos batidos
½ xícara (chá) de gotas de chocolate

COBERTURA

½ xícara (chá) de creme de leite
1 colher (sopa) de açúcar de confeiteiro
1 colher (chá) de essência de café
1-2 colheres (sopa) de chocolate granulado para decorar

1. Preaqueça o forno a 180°C. Forre 12 forminhas de silicone ou de metal com forminhas de papel para muffin.
2. Numa tigela grande, peneire a farinha e o cacau em pó. Adicione o açúcar.
3. Numa tigela média, dissolva a mistura para cappuccino com a água fervente, junte o leite, a manteiga derretida e bata bem. Adicione os ovos, bata mais e adicione à tigela com a farinha. Misture bem.
4. Acrescente as gotas de chocolate e coloque a mistura nas forminhas. Asse por 25-30 minutos, ou até que cresçam. Retire do forno e deixe esfriar.
5. Para a cobertura, bata o creme de leite com o açúcar e a essência de café até obter um creme firme.
6. Espalhe a cobertura em cima dos cupcakes e decore com um pouquinho de chocolate granulado sobre cada um.

CUPCAKES DE CHOCOLATE E CARAMELO

12 UNIDADES

CUPCAKES

100 g de manteiga
115 g de chocolate em pedaços
2 ovos
⅔ de xícara (chá) de açúcar mascavo
1 colher (chá) de essência de baunilha
½ xícara (chá) de farinha de trigo
¼ de xícara (chá) de cacau em pó
uma pitada de sal

CARAMELO

¼ de xícara (chá) de açúcar mascavo
4 colheres (sopa) de manteiga
3 colheres (sopa) de creme de leite fresco
1 colher (sopa) de glicose de milho

1. Preaqueça o forno a 180°C. Forre 12 forminhas de silicone ou de metal com forminhas de papel para muffin.
2. Numa panela pequena e de fundo grosso, em fogo baixo, derreta a manteiga e o chocolate.
3. Numa tigela grande, bata os ovos com o açúcar e a essência de baunilha. Junte o chocolate derretido, a farinha, o cacau em pó e o sal.
4. Coloque a mistura nas forminhas e asse por 25-30 minutos, ou até que os cupcakes cresçam. Retire do forno e deixe esfriar por 5 minutos.
5. Faça o caramelo. Em fogo baixo, coloque em uma panela o açúcar, a manteiga, o creme de leite e a glicose de milho. Mexa até que o açúcar se dissolva. Deixe ferver por 1-2 minutos, tire do fogo e deixe esfriar.
6. Despeje por cima dos cupcakes e sirva.

DICA

Se quiser, use forminhas menores, como de empadinhas, forradas com papel, e faça minicupcakes para festas. Reduza o tempo de forno.

OUTRAS GULOSEIMAS

MINIBOLO CÍTRICO

Estes bolinhos individuais são bastante úmidos, pois levam uma calda cítrica que ajuda a deixar a massa molhadinha.

6 UNIDADES

125 g de manteiga, mais um pouco para untar
raspas de 1 limão-siciliano e 1 limão
1 colher (chá) de essência de laranja
1 ⅔ xícara (chá) de farinha de trigo com fermento, mais um pouco para polvilhar
⅔ de xícara (chá) de açúcar
2 ovos batidos
2 colheres (sopa) de leite

CALDA

⅔ de xícara (chá) de açúcar
suco e raspas de ½ laranja
suco e raspas de ½ limão
suco e raspas de ½ limão-siciliano
açúcar de confeiteiro para polvilhar (opcional)

1. Preaqueça o forno a 180°C. Unte e enfarinhe 6 forminhas retangulares de 10 cm x 5 cm.
2. Numa panela pequena, em fogo baixo, derreta a manteiga com as raspas de frutas e a essência de laranja. Deixe esfriar.
3. Numa tigela grande, misture a farinha e o açúcar. Junte a manteiga derretida, os ovos e o leite. Misture até obter um creme macio e homogêneo, sem grumos.
4. Coloque a mistura nas forminhas e asse por 25 minutos, ou até que fique firme e doure.
5. Para fazer a calda, aqueça em fogo baixo, em uma panela, o açúcar com os sucos de frutas cítricas até que o açúcar dissolva. Deixe esfriar.
6. Deixe os bolos esfriarem nas forminhas por 5 minutos. Fure a superfície com um garfo e regue com a calda.
7. Quando a calda tiver sido absorvida, desenforme os bolinhos, polvilhe com açúcar de confeiteiro e sirva.

RAVANIE

Há diversas versões deste bolo grego de laranja. O ravanie normalmente é feito com farinha de trigo e semolina. Esta versão leva sementes de gergelim, que deixam o bolo com a superfície crocante.

8-10 UNIDADES

MASSA

115 g de manteiga, mais um pouco para untar
1 ¼ xícara (chá) de açúcar
1 ½ xícara (chá) de farinha de trigo
2 colheres (chá) de fermento em pó
uma pitada de sal
½ colher (chá) de pimenta-da--jamaica
¼ de xícara (chá) de semolina
raspas e suco de 2 laranjas
2 ovos
1 colher (sopa) de sementes de gergelim levemente torradas, mais 2 colheres (sopa) para decorar

CALDA

⅔ de xícara (chá) de açúcar
raspas e suco de 1 laranja
2 colheres (sopa) de mel

1. Preaqueça o forno a 180°C. Unte uma fôrma de 27,5 cm x 18 cm e forre com papel-manteiga.
2. Em uma tigela grande, bata a manteiga e o açúcar até obter um creme claro. Em outra tigela, peneire a farinha, o fermento, o sal e a pimenta-da--jamaica. Junte com a mistura de manteiga e acrescente a semolina, os ovos, as raspas e o suco de laranja e as sementes de gergelim. Misture tudo muito bem.
3. Coloque a massa na assadeira e leve ao forno por 1h15. Para ver se está pronta, espete um palito. Se sair limpo, pode retirar do forno. Deixe esfriar um pouco e fure a superfície com um garfo, para que a calda penetre.
4. Faça a calda. Numa panela pequena, em fogo baixo, aqueça o açúcar, as raspas e o suco de laranja, mexendo até que o açúcar se dissolva. Junte o mel e deixe ferver por 3 minutos.
5. Regue o bolo com a calda. Decore com as sementes de gergelim por cima e espere esfriar. Corte em losangos e sirva.

PRETZELS DE CHOCOLATE

40 UNIDADES

PRETZEL

1 colher (sopa) de óleo de girassol, mais um pouco para untar
1 ¾ xícara (chá) de farinha de rosca, mais um pouco para enfarinhar
1 colher (chá) de fermento biológico seco
2 colheres (chá) de açúcar
uma pitada de sal
½ xícara (chá) de água morna
75 g de chocolate amargo em pedaços
75 g de chocolate ao leite em pedaços
75 g de chocolate branco em pedaços

COBERTURA

2 colheres (sopa) de água
½ colher (chá) de sal

1. Unte duas assadeiras. Numa tigela grande, misture a farinha com o fermento, o açúcar e o sal. Adicione o óleo e, aos poucos, vá colocando a água morna, até obter uma massa. Numa superfície enfarinhada, sove a massa por 5 minutos até que fique elástica e macia.

2. Corte a massa em quatro partes, e depois cada uma dessas partes em dez pedaços. Modele cada pedaço em forma de uma corda de 20 cm. Forme um arco. Pegue uma das pontas e leve até metade do arco, dando uma volta. Faça o mesmo com a outra ponta.

3. Coloque os pretzels em uma assadeira, cubra com filme de PVC levemente untado com óleo e deixe descansar por 30 minutos, ou até crescerem.

4. Preaqueça o forno a 200°C. Numa tigela pequena, prepare a cobertura misturando a água e o sal até que este se dissolva. Passe por cima dos pretzels.

5. Asse por 6-8 minutos, ou até que dourem. Deixe esfriar.

6. Derreta cada chocolate em banho-maria. Com uma colher, despeje os diferentes chocolates, fazendo riscos em cada pretzel.

7. Depois que os chocolates endurecerem, sirva. Se quiser, guarde em recipiente fechado por, no máximo, 2 dias.

FRIANDS DE CAFÉ COM CARDAMOMO

Muito populares na Austrália, os friands – um tipo de bolinho – são de diversos sabores. Nesta receita, eles levam cardamomo e café.

12 UNIDADES

- 170 g de manteiga derretida e depois resfriada, mais um pouco para untar
- ¼ de xícara (chá) de café bem forte
- 1 ⅔ xícara (chá) de açúcar de confeiteiro, mais um pouco para polvilhar
- 6 bagas de cardamomo quebradas
- 1 ⅓ xícara (chá) de amêndoas moídas
- ⅔ de xícara (chá) de farinha de trigo
- 5 claras

1. Preaqueça o forno a 190°C. Unte 12 forminhas de muffin com manteiga derretida.
2. Para fazer a calda de café com cardamomo, use uma panela pequena e de fundo grosso. Coloque o café com ⅓ de xícara (chá) de açúcar de confeiteiro e as bagas de cardamomo e leve ao fogo baixo. Quando começar a ferver, mantenha ainda por 2-3 minutos, para formar uma calda. Deixe esfriar.
3. Numa tigela grande, coloque as amêndoas moídas, peneire por cima a farinha e o açúcar restante. Coloque cuidadosamente a manteiga derretida e 2-3 colheres (sopa) da calda de café com cardamomo.
4. Numa tigela média, bata as claras de ovo (devem ficar firmes, mas não em neve) e incorpore à mistura de amêndoas com delicadeza. Coloque a manteiga e 2-3 colheres (sopa) de café. Misture bem.
5. Coloque a massa nas forminhas e asse por 20 minutos, ou até que fique firme e doure.
6. Deixe esfriar por 2-3 minutos. Sirva morno, polvilhado com açúcar de confeiteiro. Se for guardar, use em recipiente bem fechado.

MADALENAS DE CHOCOLATE COM LARANJA

24 UNIDADES

¾ de xícara (chá) de açúcar
3 ovos
½ colher (chá) de essência de laranja
uma pitada de sal
1 ½ xícara (chá) de farinha de trigo, mais um pouco para polvilhar
½ colher (chá) de fermento em pó
raspas de 1 laranja
115 g de manteiga, mais um pouco para untar
1-2 colheres (sopa) de suco de laranja
óleo vegetal para untar
400 g de chocolate amargo sabor laranja em pedaços

1. Numa tigela grande, bata o açúcar, os ovos, o sal e a essência de laranja por 4-5 minutos, até que dobre de volume. Incorpore a farinha, o fermento e as raspas de laranja. Junte a manteiga e o suco de laranja. Cubra e deixe na geladeira por 2 horas pelo menos, mas de preferência de um dia para o outro.
2. Preaqueça o forno a 220°C. Unte 25 forminhas para madalenas com manteiga derretida e polvilhe com farinha. Tire a massa da geladeira, mexa um pouco e preencha com ela até ¾ de cada forminha.
3. Asse por 4 minutos e reduza a temperatura para 180°C. Asse por 4-5 minutos mais, até que cresçam e dourem. Deixe esfriar um pouco e desenforme.
4. Lave e seque as forminhas e unte com óleo vegetal.
5. Derreta o chocolate em banho-maria. Coloque 2 colheres (sopa) de chocolate em cada forminha, cobrindo bem o fundo.
6. Coloque cada madalena na forminha e deixe que o chocolate esfrie. Assim que endurecer, as madalenas devem soltar facilmente.

MADALENAS DE MEL COM LAVANDA

Estes bolinhos, com formato similar ao de um pastel, têm um sabor delicado de flores de lavanda. Experimente substituir o mel de lavanda por algum de outro sabor, como mel de gengibre ou laranjeira.

18 UNIDADES

½ xícara (chá) de açúcar
2 ovos
2 colheres (sopa) de mel de lavanda
uma pitada de sal
¾ de xícara (chá) de farinha de trigo peneirada, mais um pouco para polvilhar
½ colher (chá) de fermento em pó
1-2 colheres (sopa) de flores de lavanda cristalizadas
75 g de manteiga derretida, mais um pouco para untar
flores de lavanda para decorar

1. Numa tigela grande, bata o açúcar, os ovos, o mel e o sal por 4-5 minutos, ou até dobrar de volume. Incorpore a farinha, o fermento e as flores de lavanda. Junte a manteiga e bata mais. Cubra e deixe na geladeira por 2 horas pelo menos, mas de preferência de um dia para o outro.
2. Preaqueça o forno a 220°C. Unte 18 forminhas para madalenas com manteiga derretida e polvilhe com farinha.
3. Tire a massa da geladeira, mexa um pouco e preencha com ela até ¾ de cada forminha.
4. Asse por 4 minutos e reduza a temperatura para 180°C. Asse por mais 4-5 minutos, até que cresçam e dourem. Deixe esfriar um pouco e desenforme.
5. Sirva decoradas com flores de lavanda. De preferência, bem fresquinhas.

DICA
Use uma variedade orgânica de flores de lavanda. A quantidade de flores determina a intensidade do sabor.

MADALENAS FRANCESAS

Esta é a receita básica de madalenas, bolinhos que ficam crocantes nas pontas e macios no meio. É necessário usar forminhas específicas para madalenas para fazer esta receita.

18-20 UNIDADES

- 115 g de manteiga derretida, mais um pouco para untar
- 3 ovos
- ⅔ de xícara (chá) de açúcar
- raspas de 1 limão-siciliano
- 1 xícara (chá) de farinha de trigo com fermento, mais um pouco para polvilhar
- ½ colher (chá) de fermento em pó
- açúcar de confeiteiro para polvilhar

1. Preaqueça o forno a 220°C. Unte 18 forminhas para madalenas com manteiga derretida e polvilhe com farinha.
2. Numa tigela grande, bata os ovos, o açúcar e as raspas até conseguir um creme grosso e claro, que forme um fio grosso quando se levanta a colher da tigela.
3. Peneire a farinha e o fermento sobre o creme e incorpore delicadamente. Coloque a manteiga derretida e misture mais.
4. Preencha com a massa até ⅔ de cada forminha. Asse por 10-12 minutos, ou até que cresçam e dourem.
5. Retire do forno e deixe esfriar por 5 minutos. Desenforme, polvilhe com açúcar de confeiteiro e sirva.

MADALENAS DE FRUTAS CÍTRICAS

Estas madalenas, com sabor cítrico, são ótimas para acompanhar um café ou um chá de fim de tarde. Deixe a massa na geladeira bastante tempo, para garantir o resultado esperado.

12 UNIDADES

½ xícara (chá) de açúcar
2 ovos
raspas de 1 limão-siciliano
uma pitada de sal
⅔ de xícara (chá) de farinha de trigo, mais um pouco para polvilhar
½ colher (chá) de fermento em pó
60 g de manteiga, mais um pouco para untar
1 colher (sopa) de leite

1. Numa tigela grande, bata o açúcar, os ovos, as raspas de limão e o sal por 4-5 minutos, ou até dobrar de volume. Incorpore a farinha, o fermento. Junte a manteiga e o leite e bata mais. Cubra e deixe na geladeira por 2 horas pelo menos, mas de preferência de um dia para o outro.
2. Preaqueça o forno a 220°C. Unte 12 forminhas para madalenas com manteiga derretida e polvilhe com farinha.
3. Tire a massa da geladeira, mexa um pouco e preencha com ela até ¾ de cada forminha.
4. Asse por 4 minutos e reduza a temperatura para 180°C. Asse por mais 4-5 minutos, até que cresçam e dourem.
5. Deixe esfriar um pouco e desenforme. De preferência, sirva bem fresquinhas.

BISCOITOS DE LARANJA COM AMEIXAS

Estes biscoitos delicados e bonitos são fáceis de fazer. Basta abrir a massa, rechear, enrolar e cortar. Use no recheio sua geleia preferida ou frutas frescas da estação.

4 PORÇÕES

óleo vegetal para untar
uma folha de massa folhada quadrada de 10 cm
1 ovo batido
3 colheres (sopa) de açúcar mascavo
raspas de ½ laranja
⅓ de xícara (chá) de suco de laranja
¼ de xícara (chá) de açúcar
2 ½ xícaras (chá) de ameixas em fatias
açúcar de confeiteiro para polvilhar
creme de leite batido para servir

1. Preaqueça o forno a 200°C. Unte uma assadeira grande.
2. Pincele a massa de um lado com o ovo, polvilhe o açúcar mascavo e as raspas de laranja. Enrole a massa até a metade. Faça o mesmo a partir do outro lado, até as duas partes se encontrarem.
3. Passe mais ovo em cima da massa e corte em 8 fatias. Arrume os biscoitos na assadeira e leve ao forno por 10 minutos, ou até que dourem.
4. Numa panela, em fogo médio-baixo, coloque o suco de laranja, o açúcar, as ameixas e cozinhe por 5 minutos.
5. Sirva os biscoitos polvilhados com açúcar de confeiteiro em pares, com creme de leite batido e calda de ameixas entre cada biscoito.

FRIANDS COM GOTAS DE CHOCOLATE AO LEITE

Os friands são geralmente feitos em formato oval. Mas, caso não tenha forminhas nesse formato, podem ser usadas as de muffins.

12 UNIDADES

100 g de manteiga derretida, mais um pouco para untar
4 claras
1 xícara (chá) de amêndoas moídas
⅓ de xícara (chá) de avelãs moídas
½ xícara (chá) de farinha de trigo
1 ¼ xícara de açúcar de confeiteiro
uma pitada de sal
½ xícara (chá) de gotas de chocolate

1. Preaqueça o forno a 200°C. Unte 12 forminhas para muffins com manteiga derretida.
2. Numa tigela grande, bata as claras (devem ficar firmes, mas não em neve).
3. Adicione as amêndoas e as avelãs moídas às claras. Peneire por cima a farinha, acrescente o açúcar e o sal e misture delicadamente. Junte a manteiga derretida e as gotas de chocolate. Mexa cuidadosamente.
4. Coloque a massa nas forminhas e asse por 12 minutos, até que cresça e doure.
5. Desenforme os friands e deixe esfriar antes de servir.

TARTLETS DE NOZES

12 UNIDADES

MASSA

115 g de manteiga derretida, mais um pouco para untar

5 folhas de massa folhada, de 30 cm x 40 cm

CALDA

¼ de xícara (chá) de água

⅓ de xícara (chá) de açúcar cristal

1 colher (sopa) de mel

2 colheres (chá) de suco de limão

1 colher (chá) de água de flor de laranjeira

RECHEIO

½ xícara (chá) de pistaches picados

½ xícara (chá) de nozes picadas

¼ de colher (chá) de canela em pó

uma pitada de cravo moído

1. Preaqueça o forno a 180°C. Unte 12 forminhas para muffins com manteiga derretida.
2. Para fazer a calda, numa panela pequena de fundo grosso, em fogo baixo, coloque a água, o açúcar, o mel e o suco de limão. Mexa até que o açúcar se dissolva. Deixe reduzir por 5 minutos. Retire do fogo, adicione a água de flor de laranjeira, misture e deixe esfriar.
3. Coloque os pistaches e as nozes no processador e bata até que fiquem em pedaços pequenos, mas não moídos. Passe para uma tigela, junte a canela e o cravo.
4. Arrume as folhas de massa umas sobre as outras e corte 12 pilhas.
5. Pincele com a manteiga derretida os dois lados de cada folha das 12 pilhas. Arrume-as nas forminhas, coloque o recheio.
6. Torça as pontas, colocando-as para dentro, formando cestinhas. Regue com mais manteiga derretida.
7. Asse por 20 minutos, ou até que doure e fique crocante. Deixe esfriar nas forminhas, regue com a calda e desenforme.

MACARONS SIMPLES

Esta é a receita tradicional do macaron, o famoso biscoito francês feito à base de amêndoas moídas. Quem gosta de marzipã sem dúvida vai apreciar.

16 UNIDADES

1 ⅓ xícara (chá) de amêndoas moídas
¾ de xícara (chá) de açúcar
2 claras
½ colher (chá) de essência de amêndoas

1. Preaqueça o forno a 190°C. Forre três assadeiras com papel-manteiga.
2. Numa tigela média, misture as amêndoas moídas e o açúcar.
3. Numa tigela grande, bata as claras com a essência de amêndoas. Junte a mistura de amêndoas e açúcar, mexendo delicadamente.
4. Com uma colher de chá, coloque a mistura na assadeira, formando círculos, deixando espaço entre eles. Asse por 15 minutos, ou até que dourem e fiquem firmes.
5. Retire os macarons do forno e deixe esfriar por 5 minutos. Tire da assadeira e guarde em recipiente bem fechado.

MACARONS DE CHOCOLATE

Esta é a versão de chocolate dos macarons, crocantes por fora e macios por dentro. Ótimas para servir com café.

25 UNIDADES

2 claras
½ xícara (chá) de açúcar
1 ⅓ xícara (chá) de amêndoas moídas
½ xícara (chá) de chocolate amargo ralado
25 grãos de café cobertos de chocolate para decorar

1. Preaqueça o forno a 190°C. Forre uma assadeira grande com papel-manteiga.
2. Numa tigela média, bata as claras em neve e vá colocando o açúcar aos poucos. Junte delicadamente as amêndoas e o chocolate.
3. Com uma colher de chá, coloque a mistura na assadeira, formando círculos, deixando espaço entre eles.
4. Coloque um grão de café coberto de chocolate no centro de cada macaron. Asse por 15 minutos, ou até que dourem e fiquem firmes.
5. Retire os macarons do forno e deixe esfriar por 5 minutos. Tire da assadeira e guarde em recipiente bem fechado.

DICA

Os grãos de café cobertos com chocolate podem ser encontrados em algumas lojas especializadas em confeitos. Se não encontrar, decore com uma amêndoa, por exemplo.

LAMINGTONS DE COCO

24 UNIDADES

MASSA

manteiga para untar
5 ovos
¾ de xícara (chá) de açúcar
1 xícara (chá) de farinha de trigo com fermento
½ xícara (chá) de maisena
1 xícara (chá) de coco ralado

COBERTURA

2 xícaras (chá) de coco ralado
4 xícaras (chá) de açúcar de confeiteiro
⅓ de xícara (chá) de água quente
⅓ de xícara (chá) de leite morno
gotas de corante vermelho

DICA
Se quiser, use outros corantes, como verde ou azul. Procure as opções naturais, feitas à base de verduras, legumes e flores.

1. Preaqueça o forno a 180°C. Unte uma assadeira de 33 cm x 23 cm e forre com papel-manteiga.
2. Bata os ovos na batedeira por 5 minutos, ou até que dobrem de volume. Adicione uma colher (sopa) de açúcar por vez, batendo sempre, até a mistura ficar clara e brilhante. Isso deve levar mais 5 minutos.
3. Peneire a farinha e a maisena sobre os ovos batidos. Incorpore cuidadosamente. Junte o coco ralado, misture e coloque a massa na assadeira. Leve ao forno por 25-30 minutos, ou até que cresça. Para saber se está pronto, espete um palito. Se sair limpo, pode retirar do forno.
4. Deixe esfriar. Desenforme e deixe descansar de um dia para o outro, com um pano de prato limpo por cima.
5. Corte em 24 quadrados. Para a cobertura, coloque o coco ralado em um prato raso. Numa tigela, bata o açúcar com a água quente e o leite morno. Mantenha a tigela dentro de um recipiente com água quente.
6. Com a ajuda de um garfo, mergulhe 12 pedaços nessa calda, deixe escorrer o excesso e passe no coco ralado.
7. Coloque algumas gotas do corante na calda. Mergulhe nela os 12 pedaços restantes, passando depois no coco ralado.

COOKIES DE AVELÃ

Fáceis de preparar – se quiser, use o processador para bater a manteiga com o açúcar –, estes cookies desmancham na boca.

20 UNIDADES

115 g de manteiga, mais um pouco para untar
⅓ de xícara (chá) de avelãs sem casca
¼ de xícara (chá) de açúcar
1 ¼ xícara (chá) de farinha de trigo

1. Preaqueça o forno a 190°C. Unte uma assadeira.
2. Bata as avelãs no processador, até que fiquem quase moídas.
3. Numa frigideira de fundo grosso, em fogo baixo, coloque as avelãs moídas e torre um pouquinho. Coloque em uma tigela e deixe esfriar.
4. Bata a manteiga e o açúcar até obter um creme claro. Adicione a farinha, as avelãs e misture mais.
5. Modele a massa em bolinhas do tamanho de uma avelã e depois amasse um pouquinho, formando biscoitinhos ovais. Coloque na assadeira.
6. Asse por 12 minutos, até que dourem. Deixe esfriar e guarde em recipiente bem fechado.

TARTLETS DE MORANGOS

12 UNIDADES

MASSA

- 1 xícara (chá) de farinha de trigo, mais um pouco para polvilhar
- 60 g de manteiga resfriada, mais um pouco para untar
- 2 colheres (sopa) de açúcar de confeiteiro
- sementes de ½ fava de baunilha
- 1 gema
- 2-3 colheres (sopa) de água fria

RECHEIO

- ½ xícara (chá) de mascarpone
- ½ xícara (chá) de creme de leite
- 2 colheres (sopa) de açúcar sabor baunilha
- 125 g de morangos em fatias

1. Coloque a farinha e a manteiga no processador e bata até que forme uma mistura com textura de migalha de pão.
2. Adicione o açúcar de confeiteiro, as sementes de baunilha e bata rapidamente. Junte a gema de ovo e água suficiente apenas para a massa dar liga. Embrulhe-a em filme de PVC e deixe na geladeira por 30 minutos.
3. Preaqueça o forno a 180°C. Unte 12 forminhas e forre com papel-manteiga cortado em círculos com 10 cm de diâmetro.
4. Abra a massa em uma superfície enfarinhada e corte 12 círculos de 9 cm de diâmetro. Coloque nas forminhas, pressionando levemente com a ponta dos dedos.
5. Coloque alguns grãos de feijão em cima de cada massa para fazer peso. Leve para assar por 10 minutos. Tire os feijões e asse por mais 7-10 minutos, ou até que doure. Espere esfriar um pouco, desenforme e reserve.
6. Numa tigela média, bata o mascarpone, o creme de leite e o açúcar de baunilha, até obter um creme espesso. Coloque dentro de cada tortinha, cubra com morangos frescos e sirva.

FOLHADOS DE CHOCOLATE

Massa folhada combina bem com chocolate. Estes doces, em forma de triângulo, são ótimos para acompanhar uma xícara de chá.

9 UNIDADES

manteiga para untar
225 g de massa folhada
farinha para polvilhar
1 gema
2 colheres (sopa) de leite
18 quadrados pequenos de chocolate amargo
1 colher (chá) de raspas de laranja
uma pitada de anis-estrelado em pó

1. Preaqueça o forno a 200°C. Unte uma assadeira e forre com papel-manteiga.
2. Abra a massa folhada numa superfície enfarinhada e corte um quadrado de 18 cm. Depois corte três vezes na horizontal e na vertical, formando 9 quadrados.
3. Numa tigela pequena, bata a gema e o leite até obter uma mistura homogênea. Passe essa mistura nas bordas de cada quadrado.
4. Coloque dois quadradinhos de chocolate, um pouco de raspas de laranja e uma pitada de anis-estrelado em pó no centro de cada quadrado de massa. Feche na diagonal, como pastel, e pressione a borda para que grude.
5. Coloque os folhados na assadeira e leve ao forno por 12 minutos, ou até que dourem e cresçam.
6. Deixe esfriar por alguns minutos antes de servir.

SAMOSAS DE CHOCOLATE COM BANANA

Estas samosas doces são recheadas com uma combinação campeã: banana e chocolate. Sirva bem quente, direto do forno, com uma bola de sorvete de creme.

12 UNIDADES

2 bananas amassadas
½ xícara (chá) de gotas de chocolate
12 folhas de massa folhada de 30 cm x 18 cm
manteiga derretida para untar
açúcar de confeiteiro para polvilhar

1. Preaqueça o forno a 180°C. Forre uma assadeira com papel-manteiga.
2. Misture as bananas amassadas com as gotas de chocolate. Reserve.
3. Abra a massa folhada em uma superfície enfarinhada e dobre cada uma em dois, no sentido da largura. Vá colocando o recheio de banana com chocolate, a partir das pontas. Dobre e corte, formando triângulos. Repita até acabar a massa.
4. Umedeça as bordas com água para selar bem. Pincele as samosas com a manteiga derretida.
5. Asse por 12-15 minutos, ou até dourar. Retire do forno, polvilhe com açúcar de confeiteiro e sirva quente.

DICA

Quando for trabalhar com massa folhada, mantenha-a coberta com um pano de prato limpo e úmido, pois ela tende a ressecar com facilidade.

TABELAS DE CONVERSÃO

Para ajudar a medir com mais precisão a quantidade de ingredientes de cada receita, apresentamos algumas tabelas de equivalências de medidas. É importante não misturá-las, para não correr o risco de se confundir. Assim é possível seguir, por exemplo, as medidas em mililitros e gramas, ou em xícaras e colheres.

TEMPERATURAS DE FORNO

	Forno a gás	Forno elétrico
Marca 1	140°C	Muito brando
Marca 2	150°C	Brando
Marca 3	160°C	Ligeiramente moderado
Marca 4	180°C	Moderado
Marca 5	190°C	Ligeiramente quente
Marca 6	200°C	Ligeiramente quente
Marca 7	210°C	Quente
Marca 8	220°C	Quente
Marca 9	240°C	Muito quente

LÍQUIDOS

1 colher (chá)	5 ml
1 colher (sopa)	15 ml
2 colheres (sopa)	30 ml
¼ de xícara	60 ml
⅓ de xícara	85 ml
½ xícara	120 ml
¾ de xícara	180 ml
1 xícara	240 ml
1¼ de xícara	300 ml
2½ xícaras	600 ml
3 xícaras	750 ml
4 xícaras	1 litro

MANTEIGA

1 colher (sopa)	15 g
2 colheres (sopa)	25 g
3 colheres (sopa)	40 g
4 colheres (sopa)	60 g
5 colheres (sopa)	75 g
6 colheres (sopa)	85 g
7 colheres (sopa)	100 g
8 colheres (sopa)	115 g
9 colheres (sopa)	125 g
10 colheres (sopa)	140 g
12 colheres (sopa)	170 g
14 colheres (sopa)	200 g
1 xícara	225 g
18 colheres (sopa)	250 g
2 xícaras	450 g

SÓLIDOS

1 xícara de:	
açúcar branco/cristal	200 g
açúcar de confeiteiro	140 g
açúcar mascavo	220 g
amêndoas moídas	95 g
amêndoas em lascas	110 g
arroz (grão curto)	200 g
arroz (grão longo)	185 g
aveia em flocos	100 g
chocolate em pó sem açúcar	110 g
ervilhas congeladas	150 g
farinha de arroz	160 g
farinha de trigo com ou sem fermento	150 g
farinha de trigo integral	125 g
feijão-fradinho	200 g
folhas de verdura	50 g
framboesas e mirtilos	145 g
frutas secas pequenas (uvas-passas, frutas cristalizadas)	45 g
frutas secas picadas (tâmaras, figos, damascos)	175 g
frutas vermelhas	150 g
gelatina, geleia	320 g
milho-verde em grãos	210 g
morangos	150 g
nozes inteiras	145 g
nozes mistas e picadas	115 g
queijo semiduro ralado	115 g
requeijão ou mascarpone	220 g
rúcula	20 g
uvas	160 g

ÍNDICE DE RECEITAS

Baklava de pistache 106
Barrinhas de ameixas com laranja 74
Barrinhas de amendoim e doce de leite 86
Barrinhas de aveia 88
Barrinhas de aveia com framboesas 66
Barrinhas de chocolate branco e uvas--passas 68
Barrinhas de chocolate com amendoim 67
Barrinhas de chocolate com damascos 54
Barrinhas de coco com avelãs 77
Barrinhas de coco com cerejas 61
Barrinhas de cookies 78
Barrinhas de damascos e chocolate 84
Barrinhas de flocos de milho com morangos 58
Barrinhas de frutas secas 70
Barrinhas de macadâmias 80
Barrinhas de maçã com uvas-passas 62
Barrinhas de pêssego light 64
Barrinhas de quinua com granola 60
Barrinhas de sementes de abóbora e girassol 72
Barrinhas de tâmaras com chocolate 56
Barrinhas matinais 83
Barrinhas mistas 89
Barrinhas mosaico 82
Biscoitos de laranja com ameixas 168
Bolo de abacaxi com coco 120
Bolo de abóbora com nozes 112
Bolo de amêndoas e geleia 108
Bolo de amoras com amêndoas 96
Bolo de banana clássico 116
Bolo de banana com caramelo 92
Bolo de baunilha, mel e pera 95
Bolo de cenoura com cobertura especial 119
Bolo de cerejas com amêndoas 118
Bolo de frutas e castanhas 105
Bolo de frutas secas 99
Bolo de fubá com frutas vermelhas 114
Bolo de gengibre 94
Bolo de limão com maracujá 98
Bolo de maçã, avelãs e tâmaras 111
Bolo de mel com amêndoas 115
Bolo de nozes-pecãs 107
Bolo de papaia, pêssego e marzipã 101
Bolo de pera 100
Bolo de tâmaras com maçã 104
Bolo integral com abobrinha 110
Bolo toffee com calda butterscotch 102
Brownie branco com laranja e amêndoas 26
Brownie branco com limão 20
Brownie branco com manga 48
Brownie branco com marzipã e passas 36
Brownie branco com passas 49
Brownie branco com torrone e coulis de mirtilos 29
Brownie branco de abóbora 41
Brownie com amêndoas e chocolate 31
Brownie com bala de coco queimado 40
Brownie com café e macadâmias 23
Brownie com café e recheio branco 46
Brownie com castanhas portuguesas 35
Brownie com creme de amendoim 45
Brownie com frutas e avelãs 28
Brownie com ganache 32
Brownie com glacê de menta 37
Brownie com mix de nozes 22
Brownie com morangos 24
Brownie de cerejas com cheesecake 25
Brownie de chocolate branco 30
Brownie de chocolate com banana 34
Brownie de chocolate sem glúten 44
Brownie floresta negra 42
Brownie integral 38
Cookies de avelã 176
Crespinhos de chocolate branco 81
Cupcakes borboleta 148
Cupcakes de amêndoas com gengibre 145
Cupcakes de amoras com cheesecake 152
Cupcakes de beterraba com chocolate 136
Cupcakes de cenoura 140
Cupcakes de chocolate e caramelo 155
Cupcakes de coco 139
Cupcakes de frutas com nozes 138
Cupcakes de fubá cozido com ameixas 142
Cupcakes de geleia de laranja 141
Cupcakes de lavanda 150
Cupcakes de refrigerante com cerejas 144
Cupcakes de rosa 151
Cupcakes mochaccino 154
Folhados de chocolate 178
Friands com gotas de chocolate ao leite 170
Friands de café com cardamomo 162
Lamingtons de coco 174
Macarons de chocolate 173
Macarons simples 172
Madalenas de chocolate com laranja 164
Madalenas de frutas cítricas 167
Madalenas de mel com lavanda 165
Madalenas francesas 166
Minibolo cítrico 158
Muffins de abóbora com glicose de milho 129
Muffins de amendoim com chocolate 130
Muffins de amoras com sementes de papoula 124
Muffins de banana com aveia 126
Muffins de camomila 147
Muffins de iogurte com mel e aveia 128
Muffins de laranja com uvas-passas 134
Muffins de maçã caramelizada 132
Muffins de maçã com canela 127
Muffins de maçã com creme de rosas 133
Muffins glaceados de gengibre 146
Muffins marmorizados com mascarpone 135
Pirâmide de chocolate 57
Pretzels de chocolate 161
Ravanie 160
Samosas de chocolate com banana 179
Strudel de pêssego 55
Tartlets de morangos 177
Tartlets de nozes 171
Torta de chocolate com cerejas e macadâmias 63
Torta de figos com maçã 73
Torta de geleia 52
Torta de limão-siciliano 87
Torta de maçã 76
Torta de nozes-pecãs 71

ÍNDICE GERAL

A

abacaxi:
- Barrinhas de frutas secas 70
- Bolo de abacaxi com coco 120

abóbora:
- Bolo de abóbora com nozes 112
- Brownie branco de abóbora 41
- Brownie integral 38
- Muffins de abóbora com glicose de milho 129

abobrinha:
- Bolo integral com abobrinha 110

amêndoas:
- Bolo de amêndoas e geleia 108
- Bolo de amoras com amêndoas 96
- Bolo de cerejas com amêndoas 118
- Bolo de mel com amêndoas 115
- Brownie branco com laranja e amêndoas 26
- Brownie com amêndoas e chocolate 31
- Cupcakes de amêndoas com gengibre 145
- Macarons de chocolate 173
- Macarons simples 172
- Muffins glaceados de gengibre 146

amendoim:
- Barrinhas de amendoim e doce de leite 86
- Barrinhas de chocolate com amendoim 67
- Brownie com creme de amendoim 45
- Muffins de amendoim com chocolate 130

ameixas:
- Barrinhas de ameixas com laranja 74
- Biscoitos de laranja com ameixas 168
- Cupcakes de fubá cozido com ameixas 142

ameixas secas:
- Barrinhas de pêssego light 64
- Bolo de frutas secas 99

amoras:
- Bolo de amoras com amêndoas 96
- Cupcakes de amoras com cheesecake 152
- Muffins de amoras com sementes de papoula 124

aveia:
- Barrinhas de aveia 88
- Barrinhas de aveia com framboesas 66
- Muffins de banana com aveia 126
- Muffins de iogurte com mel e aveia 128

avelãs:
- Barrinhas de coco com avelãs 77
- Bolo de maçã, avelãs e tâmaras 111
- Brownie com frutas e avelãs 28
- Cookies de avelã 176

B

Baklava de pistache 106
bala de coco:
Brownie com bala de coco queimado 40
banana:
Bolo de banana clássico 116
Bolo de banana com caramelo 92
Brownie de chocolate com banana 34
Muffins de banana com aveia 126
Samosas de chocolate com banana 179
barrinhas:
Barrinhas de aveia com framboesas 66
Barrinhas de chocolate branco e uvas-passas 68
Barrinhas de chocolate com amendoim 67
Barrinhas de chocolate com damascos 54
Barrinhas de coco com avelãs 77
Barrinhas de coco com cerejas 61
Barrinhas de cookies 78
Barrinhas de flocos de milho com morangos 58
Barrinhas de frutas secas 70
Barrinhas de maçã com uvas-passas 62
Barrinhas de macadâmias 80
Barrinhas de quinua com granola 60
Barrinhas de tâmaras com chocolate 56
Barrinhas matinais 83
Barrinhas mistas 89
Barrinhas mosaico 82
baunilha:
Bolo de baunilha, mel e pera 95
cobertura de baunilha 136, 148
beterraba:
Cupcakes de beterraba com chocolate 136
biscoito de maisena:
Barrinhas de chocolate com amendoim 67
Barrinhas de tâmaras com chocolate 56
Brownie branco com limão 20
biscoitos:
Biscoitos de laranja com ameixas 168
bolos:
Bolo de abacaxi com coco 120
Bolo de abóbora com nozes 112
Bolo de amêndoas e geleia 108
Bolo de amoras com amêndoas 96
Bolo de banana com caramelo 92
Bolo de baunilha, mel e pera 95
Bolo de cenoura com cobertura especial 119
Bolo de cerejas com amêndoas 118
Bolo de frutas e castanhas 105
Bolo de frutas secas 99
Bolo de fubá com frutas vermelhas 114
Bolo de gengibre 94
Bolo de maçã, avelãs e tâmaras 111

Bolo de maçã com tâmaras 104
Bolo de mel com amêndoas 115
Bolo de nozes-pecãs 107
Bolo de papaia, pêssego e marzipã 101
Bolo de pera 100
Bolo de tâmaras com maçã 104
Bolo integral com abobrinha 110
Bolo toffee com calda butterscotch 102
Minibolo cítrico 158

brownies:
Brownie branco com laranja e amêndoas 26
Brownie branco com limão 20
Brownie branco com manga 48
Brownie branco com marzipã e passas 36
Brownie branco com passas 49
Brownie branco com torrone e coulis de mirtilos 29
Brownie com amendoim 45
Brownie com bala de coco--queimado 40
Brownie com café e macadâmias 23
Brownie com café e recheio branco 46
Brownie com castanhas portuguesas 35
Brownie com frutas e avelãs 28
Brownie com ganache 32
Brownie com glacê de menta 37
Brownie com mix de nozes 22
Brownie com morangos 24
Brownie de cerejas com cheesecake 25
Brownie floresta negra 42
Brownie integral 38

butterscotch:
Cobertura butterscotch 102

C

café:
Brownie com café e macadâmias 23
Brownie com café e recheio branco 46
Cobertura de café 23
Cupcakes mochaccino 154
Friands de café com cardamomo 162

camomila:
Muffins de camomila 147

caramelo:
Barrinhas mistas 89
Bolo de banana com caramelo 92
Cupcakes de chocolate e caramelo 155

cardamomo:
Friands de café com cardamomo 162

castanhas-do-pará:
Bolo de frutas e castanhas 105

castanhas portuguesas:
Brownie com castanhas portuguesas 35

cenoura:
Bolo de cenoura com cobertura especial 119
Cupcakes de cenoura 140

cerejas:
Barrinhas de coco com cerejas 61
Barrinhas matinais 83
Bolo de cerejas com amêndoas 118
Bolo de frutas e castanhas 105

Brownie com frutas e avelãs 28
Brownie de cerejas com cheesecake 25
Brownie floresta negra 42
Cupcakes de refrigerante com cerejas 144
Torta de chocolate com cerejas e macadâmias 63

chá:
Bolo de frutas secas 99
Bolo de maçã e tâmaras 104
Muffins de camomila 147

cheesecake:
Brownie de cerejas com cheesecake 25
Cupcakes de amoras com cheesecake 152

chocolate 9
Barrinhas de chocolate com amendoim 67
Barrinhas de chocolate com damascos 54
Barrinhas de tâmaras com chocolate 56
Barrinhas mistas 89
Barrinhas mosaico 82
Brownie de chocolate com banana 34
Brownie de chocolate sem glúten 44
Cupcakes de beterraba com chocolate 136
Cupcakes de chocolate e caramelo 155
Folhados de chocolate 178
Friands com gotas de chocolate ao leite 170
Friands de café com cardamomo 162
Macarons de chocolate 173
Madalenas de chocolate com laranja 164
Muffins de amendoim com chocolate 130
Pretzels de chocolate 161
Torta de chocolate com cerejas e macadâmias 63
Samosas de chocolate com banana 179

chocolate branco:
Barrinhas de chocolate branco e uvas-passas 68
Barrinhas mosaico 82
Brownie branco com limão 20
Brownie branco com laranja e amêndoas 26
Brownie branco com manga 48
Brownie branco com marzipã e passas 36
Brownie branco com passas 49
Brownie branco com torrone e coulis de mirtilos 29
Brownie com café e recheio branco 46
Brownie de chocolate branco 30
Crespinhos de chocolate branco 81

coberturas:
baunilha 136, 148
butterscotch 102
café 23
coco 139
coulis de mirtilos 29
cream cheese 110, 119, 140
creme de maracujá 98
ganache 32
rosa 151

coco:
Barrinhas de coco com avelãs 77
Barrinhas de coco com cerejas 61
Barrinhas de frutas secas 70
Barrinhas matinais 83
Bolo de abacaxi com coco 120

Brownie com frutas e avelãs 28
Cobertura de coco 139
Cupcakes de coco 139
Lamingtons de coco 174
cookies:
Barrinhas de cookies 78
Cookies de avelã 176
Coulis de mirtilos 29
cream cheese:
cobertura de cream cheese 110, 119, 140
creme de amendoim:
Barrinhas de chocolate com amendoim 67
Brownie com creme de amendoim 45
Muffins de amendoim com chocolate 130
Creme de maracujá 98
Crespinhos de chocolate branco 81
cupcakes:
Cupcakes borboleta 148
Cupcakes de amêndoas com gengibre 145
Cupcakes de amoras com cheesecake 152
Cupcakes de beterraba com chocolate 136
Cupcakes de coco 139
Cupcakes de frutas com nozes 138
Cupcakes de fubá cozido com ameixas 142
Cupcakes de lavanda 150
Cupcakes de rosa 151

D

damasco:
Barrinhas de chocolate com damascos 54
Barrinhas de damascos e chocolate 84
Barrinhas de frutas secas 70
Pirâmide de chocolate 57
doce de leite:
Barrinhas de amendoim com doce de leite 86

E

equipamento 12-14
essências 10

F

figos:
Bolo de frutas secas 99
Torta de figos com maçã 73
flocos de arroz:
Crespinhos de chocolate branco 81
flocos de milho:
Barrinhas de flocos de milho com morangos 58
Folhados de chocolate 178
framboesas:
Barrinhas de aveia com framboesas 66
friands:
Friands com gotas de chocolate ao leite 170
Friands de café com cardamomo 162
frutas vermelhas:
Bolo de fubá com frutas vermelhas 114
fubá:
Bolo de fubá com frutas vermelhas 114
Cupcakes de fubá cozido com ameixas 142

G

ganache:
Brownie com ganache 32
geleia:
Bolo de amêndoas e geleia 108

Cupcakes de geleia de laranja 141
Torta de geleia 52
gengibre:
Bolo de gengibre 94
Cupcakes de amêndoas com gengibre 145
Glacê de gengibre 94
Muffins glaceados de gengibre 146
gergelim:
Ravanie 160
glacês:
gengibre 94
laranja 96
receitas sem glúten 31, 44
granola:
Barrinhas de quinua com granola 60
Bolo de tâmaras com maçã 104

I

integral:
Brownie integral 38
iogurte:
Bolo de fubá com frutas vermelhas 114
Bolo integral com abobrinha 110
Muffins de banana com aveia 126
Muffins de iogurte com mel e aveia 128
Muffins de maçã caramelizada 132
Muffins de maçã com creme de rosas 133

L

Lamingtons de coco 174
laranja:
Barrinhas de ameixas com laranja 74
Biscoitos de laranja com ameixas 168
Brownie branco com laranja e amêndoas 26
Glacê de laranja 96, 150
Madalenas de chocolate com laranja 164
Madalenas de frutas cítricas 167
Minibolo cítrico 158
Muffins de laranja com uvas-passas 134
Ravanie 160
lavanda:
Cupcakes de lavanda 150
Madalenas de mel com lavanda 165
leite condensado 78, 81, 89, 92
limão:
Baklava de pistache 106
Bolo de limão com maracujá 98
Brownie branco com limão 20
Cupcakes de geleia de laranja 141
Madalenas de frutas cítricas 167
Minibolo cítrico 158
Torta de limão-siciliano 87
linhaça:
Barrinhas matinais 83

M

maçã:
Barrinhas de maçã com uvas-passas 62
Bolo de frutas secas 99
Bolo de maçã, avelãs e tâmaras 111
Bolo de tâmaras com maçã 104
Muffins de maçã caramelizada 132

Muffins de maçã com canela 127
Torta de figos com maçã 73
Torta de maçã 76
macadâmias:
Barrinhas de macadâmias 80
Brownie com café e macadâmias 23
Torta de chocolate com cerejas e macadâmias 63
macarons:
Macarons simples 172
Macarons de chocolate 173
madalenas:
Madalenas de chocolate com laranja 164
Madalenas de frutas cítricas 167
Madalenas de mel com lavanda 165
Madalenas francesas 166
manga:
Brownie branco com manga 48
maracujá:
Bolo de limão com maracujá 98
marzipã:
Bolo de papaia, pêssego e marzipã 101
Brownie branco com marzipã e passas 36
mascarpone:
Cupcakes borboleta 148
Muffins marmorizados com mascarpone 135
massa folhada:
Baklava de pistache 106
Biscoitos de laranja com ameixas 168
Folhados de chocolate 178
Strudel de pêssego 55
Tartlets de nozes 171
mel:
Baklava de pistache 106
Barrinhas de aveia 88
Barrinhas de macadâmias 80
Barrinhas de sementes de abóbora e girassol 72
Bolo de baunilha, mel e pera 95
Bolo de mel com amêndoas 115
Madalenas de mel com lavanda 165
Muffins de iogurte com mel e aveia 128
menta:
Brownie com glacê de menta 37
milho:
Barrinhas de flocos de milho com morangos 58
Bolo de fubá com frutas vermelhas 114
Minibolo cítrico 158
mirtilos:
Brownie branco com torrone e coulis de mirtilos 29
morangos:
Barrinhas de flocos de milho com morangos 58
Brownie com morangos 24
Tartlets de morangos 177
muffins:
Muffins de abóbora com glicose de milho 129
Muffins de amendoim com chocolate 130
Muffins de amoras com sementes de papoula 124

Muffins de banana com aveia 126
Muffins de camomila 147
Muffins de iogurte com mel e aveia 128
Muffins de laranja com uvas--passas 134
Muffins de maçã caramelizada 132
Muffins de maçã com canela 127
Muffins de maçã com creme de rosas 133
Muffins glaceados de gengibre 146
Muffins marmorizados com mascarpone 135

N

nozes:
Brownie com mix de nozes 22
Bolo de abóbora com nozes 112
Tartlets de nozes 171
nozes-pecãs:
Bolo de nozes-pecãs 107
Brownie com mix de nozes 22
Torta de nozes-pecãs 71

O

ovos 9

P

papaia:
Barrinhas de frutas secas 70
Bolo de papaia, pêssego e marzipã 101
pecãs:
Bolo de nozes-pecãs 107
Brownie com frutas secas 22
Torta de nozes-pecãs 71
pera:
Bolo de baunilha, mel e pera 95
Bolo de frutas secas 99
Bolo de pera 100
pêssego:
Barrinhas de pêssego light 64
Bolo de papaia, pêssego e marzipã 101
Strudel de pêssego 55
Pirâmide de chocolate 57
pistache:
Baklava de pistache 106
Tartlets de nozes 171
pinholes:
Barrinhas mistas 89
Crespinhos de chocolate branco 81
Pretzels de chocolate 161

Q

quinua:
Barrinhas de quinua com granola 60

R

Ravanie 160
rosa:
Cupcakes de rosa 151
Glacê de rosa 151
Muffins de maçã com creme de rosas 133

S

Samosas de chocolate com banana 179
sementes de abóbora:
Barrinhas de sementes de abóbora e girassol 72
Barrinhas matinais 83
sementes de girassol:
Barrinhas de sementes de abóbora e girassol 72
Barrinhas matinais 83
Strudel de pêssego 55

T

tâmaras:
- Barrinhas de tâmaras com chocolate 56
- Bolo de maçã, avelãs e tâmaras 111
- Bolo de tâmaras com maçã 104
- Pirâmide de chocolate 57

tartlets:
- Tartlets de morangos 177
- Tartlets de nozes 171

torrone:
- Brownie branco com torrone e coulis de mirtilos 29

tortas:
- Torta de chocolate com cerejas e macadâmias 63
- Torta de figos com maçã 73
- Torta de geleia 52
- Torta de limão-siciliano 87
- Torta de nozes-pecãs 71

U

uvas-passas:
- Barrinhas de chocolate branco e uvas-passas 68
- Barrinhas de maçã com uvas-passas 62
- Bolo de frutas e castanhas 105
- Bolo de frutas secas 99
- Brownie branco com marzipã e passas 36
- Brownie branco com passas 49
- Brownie integral 38
- Cupcakes de frutas com nozes 138
- Muffins de laranja com uvas-passas 134